ANACRÉON

Ou l'Amour Vainqueur,

OPERA COMIQUE

EN UN ACTE.

ANACRÉON

Ou *l'Amour Vainqueur*,

OPERA COMIQUE

EN UN ACTE.

Par les Sieurs ARMAND *& le* FEBVRE
Comediens de leurs ALTESSES

Representé pour la premiere fois sur le
Theatre des Comediens François
& Italiens de leurs Altesses.

à la Haye le 1er. *Août* 1755.

A LA HAYE,
Chez RUTGERUS VAN LAAK,
Libraire dans le Lange Pooten.
MDCCLV.

ACTEURS.

L'AMOUR,   *Mlle Gaurion Fille.*

PHILOCLÉE,   *Mll Baptiste.*

ANACRÉON,   *Mr. Beaumont.*

La Scene est à Teos en Grece.

A

SON

EXCELLENCE.

Monſeigneur le Baron de Grovestins
Grand Ecuyer de Son ALTESSE
ROYALE PRINCESSE D'ORAN-
GE et de NASSAU, Gouvernante
des Provinces - Unies, Colonel de
ſes Gardes du Corps, Gouverneur
d'Ipres, &c. &c. &c.

MONSEIGNEUR,

Voici une très mauvaiſe affaire,
ſans contredit, qui ſurvient a Votre
Exel-

EXCELLENCE: une Epitre Dédicatoire, présentée par Deux Auteurs ; tandis qu'un seul eſt capable de Laſſer la patience du Seigneur le plus indulgent ; mais duſſiez vous nous donner Cent fois au Diable, & maudire nôtre importunité, permettez nous de vous dire, que c'eſt vous qui l'avez occaſionnée : Voulez vous ſavoir comment, afin de ne plus retomber dans le même Cas ? Nous allons vous l'apprendre.

Lorſqu'un Auteur priera, dorenavant VOTRE EXCELLENCE, de Lire une piéce de ſa façon, ſi elle veut Eviter qu'il la lui Dédie, quelle lui diſe, toujours, qu'elle eſt deteſtable, quand même elle n'auroit pas eu le tems ou la volonté de la lire : Comme elle a eu la bonté d'agir différemment avec nous.

(3)

nous, & que les suffrages du Public
se sont trouvés Conformes a ceux de
Votre Excellence, nous avons senti
une témérité Poetique s'emparer de
nos Esprits, à tel point, que non
seulement nous avons osé lui dédier
cet ouvrage, mais peu s'en est fallu
que nous n'ayons encore eû la har-
diesse de porter nos vuës plus haut.
Ayez la bonté de Considerer, Monseigneur, par la, jusqu'au va la pré-
somption des enfans d'Appollon (si
tant est que nous puissions prétendre
a ce titre) lorsqu'ils ont pû parvenir
une fois a mettre le pied sur la Par-
nasse, ils ne cherchent qu'a s'Elever.
Si nous continuons à travailler je ne
répons pas de ce qui peut arriver a
cet égard. En vérité, Votre Excellence, pour nous empécher de subir

le

le fort de Phaëton devroit dés à préfent nous faire une bonne Mercurialle, qui nous empéchat dans la fuite de nous égarer.

Il y a des Auteurs, qui en prenant la liberté de Dédier un ouvrage a VOTRE EXCELLENCE, commencèroient par lui dire que ce n'eft qu'en tremblant que nous le mettons a fes pieds. Mais nous moins Hipocrites, ôfons avouer que nôtre deffein eft de le mettre entre vos mains ; Et de vous fupplier de vouloir bien lui fervir de Protecteur. Nous ne vous parlons point de l'obligation ou vous étes de le bien recevoir ; fuivez feulement cette maxime qui dit que *lorfqu'un arbre plait, le fruit qu'il produit doit être trouvé bon.*

Vous avez la bonté d'honorer d'un

gra-

(5)

gracieux regard ceux qui montrent
quelques talens. dans tous les genres ;
jugez après cela, fi vous pouvez nous
Refuſer un Coup d'œil favorable : quoique dans le fond, peut être, peu mé-
rité ; Nous oſons compter la deſſus ;
puiſſions nous ne pas compter ſans nôtre hôte : Perſuadez que vous nous per-
mettrez de vous aſſurer que

Nous défions tous les Poëtes :
Rimeurs ; faiſeurs de Chanſonnettes ;
Et tout le formidable eſſain
Que la terre enferme en ſon ſein,
Dont Phébus régit la Cervelle,
De ſe dire avec plus de zéle,
Un plus ſincére dévoûement,
Plus de déſintéreſſement,
Soit en grands vers, ou vers liriques,
Vers irréguliers, ou comiques,

Vers

Vers burlesques, vers de chansons
Enfin, vers de toutes façons
Soit en Rondeau, soit en Eglogue,
En Elégie, en Apologue,
Vaudeville, enfant du plaisir ;
Soit Impromptu, fait a loisir,
Madrigal, Cantate, Epigramme
Ode, Chant Royal, Anagramme
Acrostiche, ou bien Triolet,
Lay, Virelay, Fable, Sonnet,
Soit Monorime, soit Epitre ;
D'Etre enfin a plus juste titre.

DE VOTRE EXCELLENCE,

Les très-humbles très-obéïssants
très-respectueux & très-obli-
gez Serviteurs,

ARMAND ET LE FEBVRE.

ANACRÉON

Ou l'Amour Vainqueur.

OPERA COMIQUE

EN UN ACTE.

Le Théâtre reprefente un Bois ou l'on voit l'Amour endormi fur un lit de gazon, Anacréon arrive & lui prend fes armes qu'il a laiffées près de lui; l'Amour s'Éveille au Bruit d'une Simphonie Bruiante & prie Anacréon de lui rendre fes traits. Anacréon chante l'air fuivant.

SCENE PREMIERE.

AIR: *Viens fils de Vénus.*

VA, quitte ces lieux,
Tyran odieux,

A 3

Remonte aux cieux,
De l'Amour je veux fuir l'Esclavage,
Ton langage,
N'est qu'imposteur,
Je fais d'être sage,
Mon Bonheur,

L'AMOUR.

Quel sensible outrage,
Sans Raison,
Cher Anacréon,
Tu m'ôtes ton hommage,
Toi, qui célébrois tant mon nom,
Mais je ne saurois le croire,
Jadis tu mettois ta gloire,
A publier mes bienfaits,
Tu fus le plus cher de mes sujets.

ANACRÉON.

Vas, plus je t'aimai plus je te hais.

Air : *Tu ne connois pas mes Allarmes.*

Je sai que pendant ma jeunesse,
Mon Cœur formé pour la tendresse,
T'Adressoit tous ses vœux,
Même aux autres Dieux,
J'osois te préférer,
Et t'adorer,
Mais le tems change bien les choses,
Les soucis ont chassé les Roses,

La

La vieilleſſe en ce jour,
Eſt très Ridicule à ta Cour,
Ouï, mon retour,
A l'Amour.
Ne ſerois plus qu'une ardeur,
Sans vigueur,
Les belles aiment le jeune age,
C'eſt dans ce tems que le Courage,
Fait paroitre un amant,
Vif, plein d'agrément,
Et charmant,
Mais quand l'âge vient nous abattre,
Il faut renoncer à Combattre,
Les Guerriers, les amans,
Ont un même tems,
Nargue de leur talens,
A ſoixante ans,
L'on eſt de mauvaiſe défaite,
Il faut ſonger à la Retraite,
Chez Mars, & chez Venus,
On eſtime plus,
Un perclus,

L'AMOUR.

AIR: *J'aime une ingrate Beauté.*

Si l'Amour a des rigueurs,
Tu n'en fis jamais l'Epreuve,
Il te combla de faveurs,
Tes écrits en ſont la preuve,
L'Univers t'admira,
Dans ce tendre volume,

Et

Et l'on connut par la,
Que je guidois ta plume.

A N A C R E' O N.

AIR: *Le Serpent cachè fous les fleurs.*

Je peindrai tes fauſſes douceurs,
A tous les cœurs,
Dans le peu de jours qui me reſte,
Je veux détailler les malheurs,
Et les Erreurs,
Dont tu fus la Cauſe funeſte,
L'On trouve dans tes faveurs,
Le Serpent caché fous des fleurs,

L'A M O U R.

AIR: *Mais comment ſes yeux ſont.*

C'en eſt fait ma bonté ſe laſſe,
Ingrat je te céde la place,
Et t'abandonne pour jamais,
Je dois mépriſer ton audace,
Mais rends moi pour derniére graçe,
Mon carquois mon arc & mes traits,
Dérobez lorſque je dormois.

A N A C R E' O N.

N'Eſpére plus r'avoir tes armes,
Je veux prevenir les allarmes,

Que

Que tu cauferois aux mortels,
Par la je détruis tes autels.

L'AMOUR.

Qu'entens-je? quelle perfidie!

ANACRE'ON.

Mon ame a préfent te défie,
Amour, montre nous ton pouvoir,
Je jouis de ton defefpoir.

L'AMOUR.

AIR: *Solitaires témoins.*

Eh bien garde mes traits, je te les aban-
    donne,
Ingrat tu fentiras ma vengeance en ce jour,
  Frémis des Rigueurs de l'amour,
  Il punit mieux qu'il ne pardonne,
Tu ne m'as pas vaincu pour m'avoir dé-
    farmé,
  Crains de rentrer encor fous ma puis-
    fance,
  Je veux te voir de regrets confumé,
  Envain implorer ma Clémence,
Envain, envain implorer ma Clémence.

ANACRÉON.

AIR: *Ingrat berger qu'est devenu.*

Lorsque l'amour est outragé,
  Il tempête, il menace,
Vas, mon cœur est bien corrigé,
  Je crains peu ta disgrace,
Adieu je te laisse Songer,
Comment tu pourras te venger.

Il sort.

SCENE II.

L'AMOUR *Seul.*

AIR: *Quoi vons parter sans.*

Tendres amans soumis a ma puissance,
Vous le voyez, je trouve des ingrats,
Anacréon me menace & m'offence,
Mais je vais lui livrer de durs combats,
Si pour les Dieux l'on a cette arrogance,
Pour les mortels que ne fera t'on pas.

PHI-

PHILOCLE'E, *entre.*

Air: *L'Innocence craintive.*

La jeune Philoclée.
Qui s'avance en ces lieux,
En secret est touchée,
Pour cet audacieux,
Elle peut aisément,
Servir a ma vengeance,
Son Cœur simple & naïf,
Mais vif,
Peut trouver un moyen,
Certain,
De venger mon offence.

Il sort.

SCENE

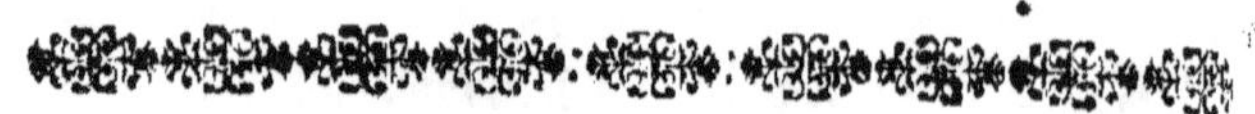

SCENE III.

PHILOCLE'E *feule, un livre à la mai.*

AIR : *Que viens-je d'apprendre.*

Quelle douce yvreffe,
Quelle fource de tendreffe,
Et que de Délicateffe,
Dans cet ouvrage enchanteur,
Mais quelle imprudence,
A moi quand j'y penfe,
D'avoir cherché d'en connoitre l'auteur.
Non non,
La trifteffe,
La vieilleffe,
La foibleffe,
Tout Refpecte avec Raifon,
Anacréon.
Je fens que je l'aime,
Bien plus que moi même,
Malgré la diftance Extrême,
Qu'on voit de mon age au fien,
Ouï, fi fon ame,
Pour moi s'enflâme,
J'aurai le Souverain bien,
Mon Cœur né fincére,
Chérit & préfére,

Au frivole agrément,
   Le Sentiment,
      Il fent,
   Que fans cesse,
   La jeuneffe,
   Qui s'empreffe,
A vouloir nous enflamer,
   Sçair mal aimer.

AIR: *Arrachez de mon Cœur.*

Elle voit l'amour au fond du Théatre.

J'appercois un enfant m'auroit il entendue,
Je voudrois me cacher le fecret de mon
      cœur,
Il peut tout Reveler. Helas, je fuis per-
      due !

SCENE

SCENE IV.

L'AMOUR, PHILOCLE'E.

L'AMOUR.

Depuis long-tems je sçai votre amoureuſ
ardeur,

AIR: *Votre cœur aimable Aurore.*

J'ay cauſé cette tendreſſe,
Que tu ſens en ce moment,
Triomphe de la ſageſſe,
Que veut ſuivre ton amant,
Faite Renaitre ſa jeuneſſe,
Par l'attrait du ſentiment.

PHILOCLE'E.

AIR: *Quand on ſçait aimer.*

Quoi cette ardeur qui m'enflame,
Vient de vous? je n'en crois rien.

L'AMOUR.

Quand je regne ſur une ame,
Je fais ſentir le vrai bien.

P III.

PHILOCLE'E.

Non, non, je ne puis vous croire,
Fait pour jouer un tel tour.

L'AMOUR.

L'Univers chante ma gloire,
C'eft moi que l'on nomme amour. *Bis.*

PHILOCLE'E.

L'Amour ne va point fans armes.
On le voit dans ces Ecrits.

L'AMOUR.

Pour fe fouftraire a mes charmes,
Anacréon m'a tout pris.

PHILOCLE'E.

AIR: *Cela m'eft bien dur.*

Comment a t'il pu vous les prendre,
C'eft vous faire un tort fans pareil.

L'AMOUR.

Hélas! il a fçu me furprendre,
Pendant un inftant de Sommeil,
J'Etois affis a l'ombre de ce Hêtre,
Dans ce lieu champêtre,
Du Soleil fuyant la chaleur,
Plaignez ma douleur.

PHI-

 ANACRÉON.

PHILOCLE'E.

AIR: *J'ay perdu ma belle humeur.*

L'Amour n'a plus de pouvoir,
Ciel quel eſt mon déſeſpoir,
Coulez mes larmes, ... *Bis. fin.*
Faut il qu'une tendre ardeur,
me cauſe tant de malheur,
Amour, amour, amour!
Je comptois ſur ton ſecours,
Pour me faire d'heureux jours,
Amour, amour,
La Mort la plus prompte,
Finira ma honte,
L'Amour n'a plus &c.

Juſqu'au mot fin.

L'AMOUR.

AIR: *Contre un engagement.*

Calmez votre tourment,
Et ſervez ma vengeance,
Vous aurez votre amant,
Malgré ſa Reſiſtance.

PHILOCLE'E.

Quelle douce Eſpérance,

Elle voit Anacréon.

Je revois mon vainqueur,
L'Amour & fa prefence,
Vont faire mon bonheur.

L'AMOUR.

Air : *Je fuis encor jeunette pour.*

Il vient en ce boccage,
  Eloignons nous de lui,
Et pour qu'il fe rengage,
  Sous mes loix aujourd'hui,
A vos foins je me fie.

PHILOCLE'E.

  Ouï, pour toute ma vie,
Je fais vœu dès ce jour,
  D'Obéïr a l'amour.

Ils fortent.

 SCENE

SCENE V.

ANACRE'ON, *seul.*

AIR: *D'abord que dans ces lieux.*

J'ai fçû braver l'amour,
En ce jour,
Que je vais vivre heureux,
En ces lieux,
N'Etant point amoureux.
Je Confacre a Bachus,
Tous mes inftans perdus,
Avec le Dieu du Vin,
Un vieillard fans chagrin,
Voit couler fon deftin.

AIR: *Je renonce a l'indiférence.*

Je vivrai dans l'indiférence,
Et je puis braver la préfence,
De tout objet qui fait charmer,
Si je fais quelque chanfonnette,
Elle fera pour Exprimer,
Amour ta honteufe Retraite ... *Bis*

SCENE

SCENE VI.

PHILOCLE'E, ANACRE'ON.

*Assis sur un lit de gazon, des
Tablettes dans sa main, sur
lesquelles il écrit.*

PHILOCLE'E *dans le fond.*

AIR : *Dieu des Ames.*

Ces boccages,
Ces ombrages,
Semblent faits pour y rêver.
La fidelle,
Tourterelle,
Y peint le plaisir d'aimer.
La nature,
Toûjours pure,
Brille de toutes couleurs,
C'est l'image,
Du Bel age,
Qui sçait enchanter nos Cœurs.

 ANA-

ANACRE'ON.

AIR: *Babet que t'és gentille.*

Vous qui du Dieu d'Amour,
Avez fuivi l'Empire,
Oferois-je en ce jour,
Vous prier de m'inftruire,
J'Adore un ingrat,
Dans ce trifte Etat,
Ma peine eft fans égale,
Anacréon confeillez moi.

ANACRE'ON.

De quelqu'autre fuit il la loy?

PHILOCLE'E.

Non Seigneur par bonheur pour moi,
Je n'ai point de Rivalle .... *Bis.*

ANACRE'ON.

AIR: *C'eft la chofe impoffible.*

Quoi donc il n'eft point enflamé,
Et vous refufe fon hommage?

PHILOCLE'E.

Son Cœur ne peut être charmé,
De l'amour il fuit l'efclavage.

ANA·

A N A C R E O N.

Se peut il qu'avec tant d'appas,
  Vous trouviez une ame infenfible?
Non, non, je ne le Conçois pas,
  C'éft la chofe impoffible.

P H I L O C L E' E.

AIR: *Avec l'objet de mes amours.*

L'Unique objet de mon amour,
Se rit du feu qui me tourmente,
Ah! que j'aurois l'ame contente,
De le voir aimer a fon tour.

A N A C R E' O N.

AIR: *Eft il de plus douces odeurs.*

De la froideur de votre amant,
  Je pénétre la caufe,
Et je fuis l'auteur du tourment,
  Ou l'amour vous expofe,
Apprenez qu'à ce Dieu malin,
  J'ai Derobé fes armes,
Maintenant il voudroit en vain,
  L'Attendrir ~~pour vos charmer.~~
                par vos charmes.

PHILOCLÉE.

AIR : *L'Autre jour près d'une.*

Ah ! Puisque l'amour m'ablessée,
Ayez pitié de Philoclée,
Daignez m'armer d'un trait vainqueur,
Pour toucher a mon tour son Cœur,
   Le bonheur de lui plaire,
   Fera toute ma loy,
   Permettez le moi Pere,
   Permettez le moy.

ANACRÉON.

Ouï je consens a remplir votre attente,
Mais songez bien beauté charmante,
   Quand vous aurez touché son Cœur,
   A lui cacher votre ardeur,
   Comblez le de soucis, d'allarmes,
   Afin qu'il paye par ses larmes, } *Bis.*
   Ce qu'il fit voir de Rigueur.

PHILOCLÉE.

AIR : *Les folies d'Espagne.*

N'en doutez pas il me sera facile,
De réussir dans un projet pareil.

ANA-

A N A C R E'O N, *s'en allant.*

Lorsqu'a l'amour l'age rend inutile,
L'On peut servir du moins pour le conseil.

Il soit.

SCENE VII.

P-H I L O C L E'E, *seule.*

AIR: *Plus in constant que l'on de seule,*

Charmant Amour, Puissant Dieu de Cythére,
Par ton secours tu sçais combler mes vœux,
A mon ingrat je puis plaire,
Je prévois un sort heureux,
Je vais lui faire
Sentir tes feux,
Si son Cœur amoureux,
A tout autre objet me préfére,
Pour moi la terre,
Deviendra les Cieux.

B 4 SCE-

SCENE VIII.

PHILOCLE'E, ANACRE'ON.

ANACRE'ON.

AIR ; *A l'heure de minuit.*

Voici le trait vainqueur,
Qui doit toucher l'insensible Cœur,
De celui qui cause votre ardeur,
Courez vous vanger de sa froideur.

PHILOCLE'E.

C'est a vous que je dois mon bonheur.

ANACRE'ON.

Armez vous .... quel maintien séducteur !
Le Dieu qui fait aimer,
On n'en sauroit douter,
Vous prendroit pour sa mere,
Ouï, si j'étois moins vieux,
Pour vous je voudrois sentir ses feux.

PHI-

PHILOCLE'E.

Je veux faire,
Sur vous l'Essai de son pouvoir.

ANACRE'ON.

Ah! Ma chere,
Le trait est noir,
Je sens tout mon Cœur s'enflamer,
Et j'avois juré de ne plus aimer.
Que le même trait nous blesse,
La tendresse,
Que je sens pour vous,
Croit sans cesse,
Malgré ma vieillesse,
Aimons nous,

Il se jette a ses genoux,

Est il un sort plus doux?

PHILOCLE'E.

Air: *L'Amour croit s'il s'inquiette.*

Mon Cœur brule pour un autre,
Et je vais combler ses vœux,
Quel plaisir sera le votre,
D'avoir pû nous rendre heureux?

B 5   ANA-

ANACREON.

AIR: *Si des Galans de la Ville.*

Quoi vous me fuyez cruelle,
Après m'avoir enflamé?
Dieux! quelle peine mortelle!
J'Aimerois sans être aimé?

PHILOCLE'E.

Si vous sentez a votre age,
Un amour si violent,
J'en dois trouver davantage,
Au Cœur d'un plus jeune amant.
Adieu vous pouvez écrire,
Sur l'amour & ses Rigueurs,
Moi, je vais me faire instruire,
Sur ce qu'il a de Douceurs.

Elle sort.

SCENE

SCENE IX.

ANACREON.

seul.

AIR: *J'ay deux amans vous me.*

Ciel je retombe au pouvoir de l'amour,
Et j'ai fervi moi-même a fa vengeance,
Mon foible Cœur va ramper a fa Cour,
Et je ne puis efpérer de Retour. . . . *fin.*
  Ma refiftance,
  Luy fit offence,
Ce Dieu cruel m'en punit en ce jour.
  Mais il s'avance,
  De ma fouffrance,
Je vais le voir triompher a fon tour.
 Ciel je retombe &c.... *jufqu'au mot ,fin.*

SCENE X.

L'AMOUR, ANACRÉON.

L'AMOUR.

A I R: *Nous sommes precepteurs.*

Anacréon rends moi mes traits,
Je veux bien respecter ton age,
Et je te jure que jamais,
Sur toi je n'en veux faire usage.

ANACRÉON.

à part.

A I R: *Perfide amant.*

Helas! peut être qu'il ignore,
La tendresse qui vient d'éclore,
Il faut lui cacher ma douleur,
Mon malheur s'açroiroit encore,
S'il voyoit au fond de mon Cœur.
L'ardeur du feu qui me dévore.

L'A-

L'AMOUR.

AIR : *Pour faire honneur a la.*

Serois tu donc inflexible ?
Tu ne répons rien ? ....

ANACRÉON.

Ouï, je veux,
Dès ce jour répondre a tes vœux,
A ta Douleur je suis sensible,
Et bruler s'il est possible,
Malgré mon age de tes feux.

AIR : *Je ne suis qu'un simple Berger.*

Ouï je rentrerai sous ta loi,
Si dans cette journée,
Tu veux faire en flâmer pour moi,
La jeune Philoclée.

L'AMOUR.

AIR- *Le jeu que m'aprit mon amant.*

Un jeune Berger du Village,
Longtems rebelle a l'amour,
A Philoclée en ce jour,
Vient de rendre un sincere hommage,
Et moi même j'ai fait serment,
De l'unir avec cet amant.

ANA-

ANACRE'ON.

Je fuis furieux,
    Dieux !
Tout s'arme contre moi,
    Quoi ?
Un autre obtient fon Cœur,
En fera poffeffeur,
Et je fuis feul l'auteur
De mon malheur.
Mets a mon Deftin
    Fin.
Rien ne m'attache ici,
    Si
Je vois dans d'autres bras,
Paffer cet objet rempli d'appas...... *fin.*

L'AMOUR.

D'ou vient ce Courroux,
Si je donne un Epoux,
    A Philoclée ?
Sur quelqu'autre objet,
Nous pouvons accomplir ton projet,

ANACRE'ON.

Je fuis furieux....... *jufqu'au mot... fin.*

SCENE

SCENE DERNIER.

L'AMOUR, PHILOCLE'E.

ANACRE'ON.

PHILOCLE'E.

A la Tête des Danseurs & Danseuses.

AIR: *Allons Danser sous ces ormeaux.*

> Venez partager mes plaisirs,
> Ah! que mon ame est satisfaite,
> Tout comble en ce jour mes desirs.
> Venez partager mes plaisirs.
> Tous les bergers de ces retraites,
> Viennent se rendre dans ces lieux,
> Et dans leurs concerts amoureux,
> Vont chanter nos ardeurs parfaites.
> Venez partager mes plaisirs,
> Ah que mon ame est satisfaite,
> Tout Comble en ce jour mes desirs.
> Venez partager mes plaisirs.
> Vous allez voir a l'instant,
> Mon amant,

Vous

Vous témoigner par son ravissement
Combien son Cœur,
Ressent d'ardeur,
Qu'il est charmé,
D'être enflamé,
Ah ! qu'il chérit son heureuse défaite,
Venez partager mes plaisirs
Ah que mon ame est satisfaite,
Tout comble en ce jour mes désirs,
Venez partager mes plaisirs.

L'AMOUR.

*A Philoclée Regardant Malicieusement
Anacréon.*

Air : *Enfans de Mars.*

Anacréon,
Voit cette union,
Sans Emotion,
Son Cœur tranquille Exempt de passion,
Toujours joyeux,
Fera des vœux,
Pour que les nœuds,
Les plus heureux,
Les Ris, les jeux,
De vos feux,
Augmentent l'ardeur,
Pour vous quel bonheur.

ANA-

ANACRE'ON.

Enfant Barbare,
Qui par ces mots,
Veut combler mes maux,
Je te déclare,
Que fi les Dieux,
Sont peu généreux,
Un mortel qui me reſſemble,
Peut les braver tous enſemble,
Loin que je tremble,
Connois en ce moment,
Que dans mon ame la ſageſſe

Il prend la Main de Philoclée.

Peut triompher de la tendreſſe,
Je vais unir a l'inſtant,
Cet objet charmant,
Avec ſon amant.

L'AMOUR.

AIR: *Le démon malicieux & fin.*

A celui que je lui deſtinois,
Philoclée eſt jointe pour jamais,
C'en eſt fait.

C

ANA-

ANACRÉON.

Quelle furprife extrême?

L'AMOUR.

C'eft trop longtems jouir de ton erreur,
Cet amant n'eft autre que toi même,
Tu tiens fa main tu poffedois fon Cœur,

PHILOCLE'E.

AIR: *Nouveau.*

à Anacréon.

Ah! fi votre bonheur dépend de ma ten-
-dreffe,
Nul mortel ne fut plus heureux,
L'Amour pour vous toucher, fçut m'infpirer
l'adreffe,
Qui vous fait partager mes feux.

L'AMOUR.

AIR: *La voici tôt décampons.*

De fon Cœur Anacréon,
Dès longtems je t'ai fait don,
Rendez a l'amour,
Grace en ce jour,
Comblant votre Efpoir,
Il vous fait voir,

Qu'il

Qu'il connoit le prix,
Qu'on doit aux écrits
   D'un zélé fujet,
Et qu'un jeune objet,
Peut aimer fans fard,
Un aimable vieillard.

A N A C R E'O N.

AIR: *Tout eft dit.*

Amour j'adore ta puiffance,
Ouï tous mes vœux font exaucez,
En recevant la récompenfe,
De tous mes fervices paffez,
Nous nous armons en vain de la fageffe,
De nos projets tout bas l'amour fe rit,
Des qu'il nous bleffe
      Tout eft dit.

P H I L O C L E'E.

Ariette.

Regnez, regnez aimable Anacréon

Elle lui met une Couronne fur la tête.

Dans ces lieux l'amour vous l'ordonne,
Ma main de Mirthe vous couronne,
Qu'on célébre a jamais votre nom,
Du Dieu qui fçait charmer les cœurs,
Vous avez illuftré l'Empire,
C 2

Et

Et dans ce grand jour il défire,
Repandre fur vous fes faveurs.

Regnez Regnez aimable Anacréon,
Dans ces lieux l'amour vous l'ordonne,
Ma main de Mirthe vous Couronne,
Qu'on célébre a jamais votre nom.

Acoures Bergers amoureux
Chantez Danfez dans ce boccage,
L'on peut Réuffir a tout àge,
A fe faire un deftin heureux.

Regnez, Regnez aimable Anacréon,
Dans les lieux l'amour vous l'ordonne,
Ma main de Mirthe vous Couronne,
Qu'on célébre a jamais votre nom.

DIVERTISSEMENT.

Marche & 2. Tambourins.

ARIETTE.

PHILOCLE'E.

A nos amans,
Ne foyons point rebelles,
Sauvons leurs des tourmens,
Les peines font pour les cruelles.

ON

ON DANSE

L'Air des Vieillards.

VAUDEVILLE.

L'AMOUR.

Tendres beautez de cet Empire,
Brulez d'une sincére ardeur,
Ne vous laffez jamais de dire,
Que l'amour eft toûjours vainqueur.

PHILOCLE'E.

Si les Rides de la vieilleffe,
N'ont pas fçû rebuter mon Cœur,
Je prouve que de la jeuneffe,
L'Amour fera toujours vanqueur.

ANACRE'ON.

Je goûte un fort digne d'envie,
En renonçant a mon erreur,
Je vais chanter toute ma vie,
Que l'amour eft toûjours vainqueur.

AU

AU PARTERRE.

Notre Cœur n'est point mercenaire,
Vous plaire est notre unique ardeur,
Applaudissez, c'est le salaire,
Des Auteurs de l'amour vainqueur.

CONTREDANCE

FIN.

LE NAUFRAGE,

OU

LE ROYAUME DE LA LUNE,

OPÉRA COMIQUE,

par

Monsieur le Profeſſeur PARADIS
DE TAVANNES.

*Remedium melius adhibebit, cui nota, quæ nocent,
fuerint.* QUINTILIEN.

A COPPENHAGUE & LEIPZIG.
1763.

PERSONNAGES.

BOURBA, ou le Samorin, beau-frère de Mouſtapha, père d'Osman.

MOUSTAPHA, père de Zirphile.

OSMAN, amant de Zirphile.

ZIRPHILE.

ARLEQUIN, précepteur d'Osman & enſuite Bu-
cha, amant de Colombine.

PIERROT, confident de Mouſtapha.

SCARAMOUCHE, géographe du Samorin, &
enſuite Capigi-Bachi, amant de Margot.

Deux vieilles *ESCLAVES* du Samorin.

LISETTE, femme d'Arlequin.

PE'RINE, femme de Scaramouche.

POLICHINELLE, mari de Colombine.

SCANARELLE, mari de Margot.

COLOMBINE.

MARGOT.

UN EXEMT & des Soldats.

UN CADI.

UN MARABOU.

UN MAGICIEN.

UN MOUFTI, UN AGA & autres gens d'Arlequin.

UNE VIEILLE FEMME.

DEUX PAYSANS.

UN BOHE'MIEN.

La ſcène eſt devant le Palais du Samorin.

LE NAUFRAGE.

ACTE PREMIER.
SCÈNE PREMIÈRE.

La Scène repréfente un palais près de la mer, avec des avenues, des bois & des rochers.

LE SAMORIN. ARLEQUIN.

LE SAMRRIN. AIR. Je ne fuis né ni Roi ni Prince.

Trouvez-vous que mon fils profite ?
ARLEQUIN.

Par la Sarbiffe ! il va bien vite.
Il entend tout ce qu'on lui dit.
Nous lifons les méthamorphofes
Et mon difciple a tant d'efprit
Qu'il comprend d'abord toutes chofes.

A   LE

LE SAMORIN. AIR. Sans le ſavoir,
Comment va la méthaphiſique?
    ARLEQUIN.
Il l'apprend par la réhtorique.
Savez-vous ce qu'hier il fit?
D'un morceau de cire qu'il prit
Avec des plumes de cercelle
Il fit des ailes, à mes yeux
Voulant d'une façon nouvelle
        Voler aux cieux.
LE SAMORIN. AIR. Mon père je
     viens devant vous.
Je vois que vous en prenez ſoin.
Commence t-il l'aſtronomie?
    ARLEQUIN.
Oh! ſans doute n'en doutez point.
Nous ſavons faire une momie,
Une demi-lune, un rampart,
Et le tout ſe montre avec art.
LE SAMORIN. AIR. Or écoutez petits
     & grands.
Je ſuis au comble de mes vœux
Et des mortels le plus heureux.
Profite-t'il dans la grammaire?
        ARLE·

ARLEQUIN.
C'est de quoi je fais mon affaire.

LE SAMORIN.
Tourne-t-il assez bien cela?

ARLEQUIN. *Montrant un fuseau.*
Il a tourné ce fuseau là.

LE SAMORIN.   *Hvad vil der blive af?*
Mais quant à l'oraison
En fait-il les parties?
Formez-vous sa raison?

ARLEQUIN.
Il fait cent réparties
Et contes à foison
Que souvent il étale,
Il apprend l'oraison
Dite *dominicale.* *)

LE SAMORIN.   *AIR: Mama me dit à*
chaque instant.
Je suis content de vos progrès,
Vous travaillez avec succès,
Aprenez lui la politique
Pour savoir mener un procès.

A 2

ARLE-

---

*) *Il n'y à rien dans l'oraison dominicale de contraire à la loi Musulmanne. Les Mahométans honorent beaucoup J. C. & admettent l'unité de d'un Dieu au sens très restraint.*

ARLEQUIN.

C'eſt à quoi, Seigneur, je l'applique,
Il lit *le cuiſinier françois.*

　　AIR: Iris cette nuit en dormant.
Je crois que vous ſerez content
Je vas le chercher à l'inſtant.
Vous l'interrogerez vous même,
Il vous montrera ſon ſavoir.
Je puis vous jurer que je l'aime
Et que je fais bien mon devoir.　　*il ſort.*

SCÈNE II.

LE SAMORIN. Seul.

　　AIR: Ich ſchlieff da traumte mir.
Qu'on doit être content
D'avoir un fils ſavant!
Au village, à la ville
La ſience eſt utile.
Quel plaiſir! quel bonheur!
Qu'un ſi bon précepteur.

SCÈNE III.

LE SAMORIN, UN BOHEⁿMIEN.

LE

LE BOHE'MIEN. AIR : du haut en bas.
A Monseigneur
Je veux présenter mes services,
A Monseigneur
Je viens me vouer de grand cœur
Je suis ce qu'on nomme un génie,
Je veux enseigner la magie
A Monseigneur.

LE SAMORIN. AIR : C'est tenter dieu.
De ma bonne-avanture
Aprenez-moi l'allure
Voilà ma main (*il la lui donne*)

LE BOHE'MIEN. (y regardant)
Voici de très bons signes,
Je sais toutes les lignes
Du corps humain.

AIR : Min Huule er mig kiert.
Vous serez souverain,
D'un florissant empire,
On vous nommera sire
Avant qu'il soit demain.
On travaille à l'affaire
Et vous avez beau faire
Vous aurez cet état :
De l'empire lunaire
On vous fera potentat.

ME-

MÊME AIR.

Comme Icare jadis
Eut des ailes de cire
Pour monter dans l'empire
Des célestes esprits :
Vous en aurez de même ;
Un peuple qui vous aime
Et vous offre par choix
La puissance suprême,
Veut se soumettre à vos loix.   *il sort.*

SCÈNE IV.

LE SAMORIN. Seul.

AIR : Al min Lyst og min Attraae.

Plusieurs autres l'ont prédit,
Si c'est le vouloir des cieux,
Je ferai ce qu'on me dit
Pour ne point fâcher les dieux.
Ce royaume, je le sais,
Est dans le centre de la Lune.
On n'y ressent traverse aucune,
Les hommes y sont parfaits.

SCÈNE V.

LE SAMORIN. ARLEQUIN. OSMAN.

ARLEQUIN.

AIR : Hvad vil der blive af.

Monseigneur, baissez-vous,
Faites la revérence (*il lui montre comme il
        faut faire.*)
Avencez près de nous, (*il le pousse*)
Marchez avec décence, (*il lui montre à
        marcher*)
Haut, s'il vous plait, la tête, (*il contrefait
        le petit-maitre*)
Encore une courbette, (*il fait des revéren-
        ces ridicules*)
Fort bien, regardez-moi.

AIR : Colette a toujours refusé.
Examinez-le maintenant.

LE SAMORIN.

Commençons par l'histoire.

ARLEQUIN.

Allons, répondez hardiment,
Pensez à votre gloire.
N'avez-vous pas appris par cœur
L'histoire de Robert sans peur?

Il se taira!
Il rougira!
Voyez donc çà, ce trait là
    Là. (*il le pousse & lui parle bas.*)
        OSMAN.   AIR: Joli cœur.
Un avocat qui vit un président mal né
Qui pour ses jeunes ans vouloit lui rire au
                né :
Je suis jeune, il est vrai, dit il a ce *monsieur*,
Mais j'ai lu cependant des livres qui font
                vieux.
        LE SAMORIN.
    AIR: Dans ma cabane obscure.
Je suis charmé de cette histoire,
Et j'admire cet avocat ;
Qu'il fait bien rétablir sa gloire!
Que ce président étoit fat?
Mais voyons la géographie,
Cet article est très important.
Puis nous verrons la géométrie
Dont l'utilité me plait tant.

SCÈNE VI.

MOUSTAPHA.   LES PRE'CE'DENS.

                        MOU-

MOUSTAPHA.

AIR: Dans un bois solitaire & sombre.
J'aurois quelque chose à vous dire
Ecartez-les pour un moment.

LE SAMORIN. *A MOUSTAPHA.*

Quoi! mon frère!

(à ARLEQUIN & à OSMAN.)

Qu'on se retire.   (*ARLEQUIN & OS-*
MAN sortent fesant force revérences
ridicules.)

SCÈNE VII.

LE SAMORIN. MOUSTAPHA.

LE SAMORIN.

Le cas est-il bien important?

MOUSTAPHA.

AIR: Je vas te voir, charmante Lise.
J'ai grand' pitié de vous, mon frère,
On nous dupe grossièrement.
S'il m'est permis d'être sincère,
Je parlerai naïvement.

MÊME AIR.

Confier votre fils unique
A cet étranger ignorant!

A 5

C'est

C'eſt la choſe la plus inique :
C'eſt le rendre ſot & méchant.

LE SAMORIN.

AIR : Maman me diſoit l'autre jour.
Vous me contrecarrez toujours.

MOUSTAPHA.

Oh ! ne vous en déplaiſe !
On vous prépare de beaux tours.
Chacun vous trompe à l'aiſe.
Arlequin n'eſt qu'un ignorant
      Un vrai pédant :!:
Mais après tout, mon frère, l'on fera
      Ce qu'on voudra :!:

LE MêME AIR : Que je baiſe ta main.
Je crois qu'un déſerteur
Fait un ſot précepteur.
Une naiſſance baſſe
Marque toujours la craſſe
Des gens ſortis de rien,
   Si l'expérience
   La ſience
La vertu, le vrai ſavoir
Ne leur montrent leur devoir.
Si j'ai le moindre pouvoir

Sur

Sur un bon frère,
Tendre & sincère,
Vous chasserez ce coquin.

LE SAMORIN.

Qui ? Moi ? proscrire Arlequin !
  Je n'ai garde,
  Dieu m'en garde ;
C'est un homme tout divin.

MOUSTAPHA.

AIR : J'ai choisi le couvent.

Mon frère ! y pensez-vous ?

LE SAMORIN.

Oui sûrement j'y pense,
Il est plein de sience,
Il est flatteur & doux - - - -

MOUSTAPHA *avec dépit à part.*

  Que les hommes sont foux !
(*haut avec colère*)
Oh vous pouvez tout faire,
Je n'y suis pas contraire,
On va gâter Osman.

LE SAMORIN. *dépité.*

Point de raisonnement,
J'en veux faire à me tête.
Je me fais déja fête
Des progrès de mon fils.

MOU-

MOUSTAPHA.

Je fais ce que je dis.

LE SAMORIN.

AIR : Je ne suis né ni Roi ni Prince.

Et moi je fais ce que je pense :
Arlequin est plein de sience,
C'est un gentilhomme de cœur,
En but aux noirs traits de l'envie,
Qui pour quelque affaire d'honneur
S'est éloigné de sa patrie.

MOUSTAPHA.

AIR : Quand le péril est agréable.

Quoi, vous croyez cette imposture !
  Défiez-vous de ces messieurs,
  Pour moi je les connois bien mieux.

LE SAMORIN.

Mon frère, je vous jure - - - - -

MOUSTAPHA.

Vous me surprenez, je l'avoue :
Ces braves savent recevoir
Cinquante soufflets sur la joue
Sans beaucoup s'émouvoir.

LE MÊME AIR : Que ne suis-je la
     toilette !

Je vous avertis, mon frère,
Que je suis fort en courroux,   Quoi

Quoi ! mon procédé sincère
N'est indifférent qu'à vous !
Je vas remener Zirphile.
Votre fils ne l'aura pas.
A quelque homme plus habile
Je destine ses appas.

LE SAMORIN.

AIR : Quand on sait aimer & plaire.

C'est ce que vous pouvez faire.

MPUSTAPHA.

Je le ferai sans regret.
J'ai resolu l'affaire ;
Mais tenons cela secret.
Or vous savez que Zirphile
Possède de grands états.
Vous pouvez garder votre ile ;
L'himen ne se fera pas.   *il sort & le*
      SAMORIN le suit tout rêveur.

SCÈNE VIII.

COLOMBINE paroit de loin jetée sur le
    sable par un ouragan, elle approche
    lentement. Elle est travestie en Mez-
    zétin.]

                        AIR:

AIR: Des pellerins de St. Jâques.

Quoi feule à la fleur de mon âge
Dedans ces lieux
Peut-être expofée à la rage
Des ours hideux!
Je jouiffois jadis d'un fort
Digne d'envie:
Ciel! viens terminer par la mort
Ma pauvre & trifte vie!

*LA MéME. AIR: Tu croyois en
aimant Colette.*

Ah! mon cher Arlequin que j'aime
Les charmes de ton noir mufeau!
Mais c'étoit m'oublier moi-même
Que de m'expôfer pour ta peau.

AIR: Jaconde.

Pour fuivre, cet amant badin
Des miens je me fépare:
Sous les habits de Mezzetin.
Sur l'élément bifarre
Je vas fendre les flots amers
En qualité de mouffe;
La tempête épaiffit les airs
L'océan fe trémouffe.

AIR:

AIR: *Accoutez l'avanture.*

Le firmament se brouille
Je m'en vas à veau l'eau,
Et comme une citrouille
Je tombe du vaisseau.
Elle montre une pièce de mât fracassé.
Sur ce méchant outil
Je prends terre en cette ile,
Arlequin que n'est-il
Dans ce pays fertile!

AIR: *Je ne suis ni Roi ni Prince.*

Ah! ce pauvre enfant qui m'adore
Ne verra plus lever l'Aurore,
Je crois qu'il est privé du jour.
Dieu fasse paix à cette ivrogne:
Il m'aimoit du plus tendre amour
Et presqu'autant que le Bourgogne.

MÊME AIR.

Adieu pour toujours, Camarade,
Toi qui causas ma mascarade.
Hélas! cet anneau que voici
Me rappellera ta mémoire:
Arlequin est mort sans souci,
En mourant il cessa de boire.

AIR:

AIR: Je reviendrai demain au foir.
Il a gagné, ce pauvre amant .
Le fombre monument *bis*.

SCÈNE IX.

COLOMBINE, MARGOT, travestie en POLICHINELLE & chargée de chaines.

MARGOT.   *MéME AIR.*
Quartha quahou hoggia meffa *)
COLOMBINE.
Quel diable d'homme eft-ce ça *bis.*
MARGOT.
Meffa Smandaï verladi.
COLOMBINE.
Je ne fais ce pu'il dit. *bis.*
MARGOT.
Je vous prends pour un étranger,
Vous ètes en danger. *bis.*
MéME AIR.
Vous révélez par vos difcours
Vos fecrettes amours. *bis*
Si vous briguez quelque faveur,
Cachez bien votre ardeur.   MéME

*) En langue des Jalofs qui fout au Samorin: comment vous portez-vous?

MéME AIR.

Notre maitre eſt le Samorin,
Il n'eſt pas trop bénin. *bis.*
Il cherche une belle en ces lieux
Pour répondre à ſes feux. *bis.*

AIR: Quand le péril eſt agréable.

Ceſſez-d'avoir l'air ſi perplèxe
Car je ſuis fille comme vous:
Mais, au nom du ciel, cachons nous,
Déguiſons notre ſéxe.
Votre amant a, dans la cuiſine,
Servi comme ſous-marmiton,
Mais depuis deux jours il domine
En feſant le Caton.

COLOMBINE.

AIR: Des folies d'éſpagne.

Ah vous parlez une langue connue,
Je me croyois ſeule dans ces climats.

MARGOT.

Un ouragan me jeta presque nue
Dans ce pays maltraité des frimats.

MéME AIR.

Entre les morts trouvant Polichinelle
Sous ces habits je ſus me déguiſer
Je voulois fuir dedans une nacelle,
Mais ſur ce roc elle vint ſe briſer.

B

SCE-

SCÈNE X.

LE SAMORIN.

Accompagné de DEUX VIEILLES ES-
CLAVES habillées en hommes, LES
PRÉCÉDENTES.

AIR : Sans le savoir.

LE SAMORIN.

Voici des gens que le naufrage
Vient de jeter sur ce parage
J'ordonne qu'on les mette aux fers.

COLOMBINE à genoux.

Après tant de tourmens, des chaines !

MARGOT.

Après tant de malheurs divers
Laissez-vous fléchir par nos peines
Et nos revers.

LE SAMORIN. AIR : Joconde.

Examinez bien ces gens là
Ils ont bien l'air femelles
Tâchez de découvrir cela,
Ce font, je crois, deux belles.
En pareil cas vous savez bien
Ce que l'on doit en faire :
Je les prends à moi, c'est mon bien,
Décidez cette affaire.　　　　*à part.*

à part. *AIR : Je reviendrai demain
au foir.*

Je n'ai point trouvé Mouftapha,
  Que veut dire cela ? *bis.*
Je m'en vas le chercher ailleurs
  Pour calmer fes frayeurs. *bis. il fort.*

SCÈNE XI.

COLOMBINE, MARGOT, les efclaves.

AIR : Le favetier matineux.
LA 1. efclave.

Bourba, notre Samorin ;
Dit que vous ètes deux filles,
Qu'il veut honorer de fa main,
Par ce qu'il vous trouve gentilles.
Acceptez cette faveur
Et venez parmi fes femmes
Partager fa vive ardeur
Avec ces illuftres dames :
Sinon attendez la mort *elle tire fon fabre.*
De ce tranchant cimeterre
Qui va vous ouvrir d'abord
La porte du cimetière.

 CRLOM-

COLOMBINE *à genoux.*

AIR: Mon père, je viens devant vous.

Dites à votre Souverain
Qu'il se trompe à mon sèxe,
Je suis le pauvre Mezzettin
Que la fortune adverse vèxe.
Conjurez le Samorin
De donner ailleurs sa main.

MARGOT *à genoux.*

AIR: C'est tenter dieu.

Dites à votre maitre
Que je ne saurois être
   Utile à ses feux:
Je suis Polichinelle,
Moi même d'une belle
   Fort amoureux.

L'AUTRE ESCLAVE.

AIR: Quand je bois de ce bon vin.

Rendez-vous au Samorin
Qui veut vous donner sa main.
Sans tant de façons
E'tes-vous garçons?
Que je vous éxamine!
Allez, nous vous reconnoissons
D'abord à votre mine.

LA

LA 1. ESCLAVE.

AIR: Une tonne fut mon berceau.

Malgré votre déguifement
Dont nous devinons bien la caufe,
Vous ètes deux tendrons, ne cachez point la
　　　　chofe
Apelons Arlequin, Pierrot, & Scaramouche
Ils convaincront d'abord cette fainte Mitou-
　　　　che ;
Ils font tous deux expers en fèxe féminin
Non-obftant le couvert d'un habit mafculin.
　　D'un habit mafculin.

COLOMBINE.　*AIR : Silvie.*

Je jure
Je jure
Qu'un pareil foupçon
Me fait injure,
Car je fuis garçon.

MARGOT.

J'en dis de même,
Croyez mes fermens.
Si Bourba m'aime,
Il perd bien fon tems.

L'AUTRE ESCLAVE.

AIR: Or écoutez, petits & grands.

Ah, s'il est vrai que sur ce point
Vous ne vous en imposiez point,
Nous emploirons votre tendresse
Chez deux beautés que l'amour presse.
Ces filles ont fini leur bail „
Et sont mises au vieux Sérail.

LA 1. ESCLAVE. *MÊME AIR.*

Nous allons dire au Samorin
Qu'il offre à quelque autre sa main
Vous trouverez bien à votre âge
Où contracter un mariage.
Vous avez à peine quinze ans
C'est ce qu'on veut dans les amans. *elles*
sortent.

SCÈNE XII.

COLOMBINE. MARGOT.
TOUTES DEUX.

AIR: Quoi vous partez sans que rien
vous arrête!

C'est fait de nous, notre course est finie,
Quittons ces lieux pour éviter la mort.
Eloignons nous, ou nous perdons la vie.
Mais on ne peut s'éloigner de ce bord:
Mille malheurs m'ont toujours poursuivie
Pour m'amener finir ici mon sort.

MARGOT.

AIR: Dondaine, Dondaine.

Trompons ces deux vieux garnemens
Nous trouverons aſſez d'amans ;
    Dondaine, Dondaine,
    De ces barbons
      Dondon
  Prenons les chaines.

SCÉNE XIII.

*COLOMBINE, MARGOT, ARLEQUIN,
SCARAMQUCHE dans l'éloignement.*

ARLEQUIN.

AIR: Maudit amour, raiſon ſévère !

Ni le rôti, ni le Bourgogne
Ne ſauroient tenter Arlequin ;
Je ſuis épris d'une Carogne :|:
Qui me fait renoncer au vin.

AIR: Eh comment ſe deffendre ?

Mon cœur grillé de tendreſſe
   Fit trop long-tems ſouffrir mon eſtomac :|:
Oui, je veux quitter ma maitreſſe
   Comme un quitte un almanac.

SCARAMOUCHE.
Hvad vil der blive af?

Quittons auffi Margot.
L'objet de ma tendreffe
Eft la chaleur du pot
Lors que la faim me preffe.
A quoi bon les foupirs
Loin de la jouiffance?
Il me faut des plaifirs,
Sans quoi point de conftance.

COLOMBINE, MARGOT *enfemble.*
AIR: Ich bin vergnügt.

Rigoureux fort :|:,
Ah, fortune rebelle!
Donne la mort :|:
A l'objet malheureux
Qui fait des vœux :::
Pour fléchir la cruelle.
Tu vois mes pleurs :|:
Tu connois mes malheurs.
Ingrat! tu m'abandonne,
Vas, perfide! couronne
Ton inique deffein.
Que dans ton fein :|:
L'audace qui m'étonne

Chaffe

Chasse un amour :!
Indigne de retour.
ARLEQUIN & SCARAMOUCHE
entrent.
ARLEQUIN.
AIR: *Quand on sait aimer & plaire.*
Gaiment.   Je retrouve ma bergère
            Je sens l'amour qui renait.
SCARAMOUCHE.
Gaiment.   Je fléchirai sa colère
            Par l'amour le plus parfait.
COLOMBIEE, *repoussant* ARLEQUIN.
Lentement. Je méprise ta tendresse,
            Gourmand, perfide, menteur ..
MARGOT *repoussant* SCARAMOUCHE.
Lentement. Ah, je te fuirai sans cesse,
            Amant volage & trompeur.
ARLEQUIN *se rapprochant de* COLOM-
            BINE.
Gaiment.   Je retrouve ma bergère
            Je sens l'amour qui renait
SCARAMOUCHE *se rapprochant de*
            MARGOT.
Gaiment.   Je fléchirai sa colère
            Par l'amour le plus parfait.

COLOMBINE.

AIR : Dans ma cabane obscure.

Dans ce triste parage
Je suivois Arlequin,
Mais ce n'est qu'un volage,
Un perfide, un faquin.

MARGOT.

Je cherchois Scaramouche,
Mais il trahit mes feux,
Et j'entens de sa bouche
Qu'il n'est plus amoureux.

ARLEQUIN *tristement.*

AIR : Mama me dit chaque instant.

Voici le dernier de mes jours
Je m'en vas en trancher le cours.
A dieu ragoût & fricassée
Doux reliefs & cervelas,
Je n'en tâterai plus, hélas !
L'envie en est déjà passée.

SCARAMOUCHE.

AIR : Iris, cette nuit en dormant.

Ingrate ! j'en vas faire autant
Oui je veux mourir à l'instant.

MARGOT.

L'habillement qni nous déguise
Nous inspire de la valeur,

Cha.

Chacun peut mourir à sa guise
Nous renonçons à votre ardeur;
    AIR: Je vous ai juré, maman,
Nous allons au Samorin
Qui nous a promis sa main,
Nous acceptons son hommage,
Il ne sera point volage.

     COLOMBINE.

Nous trouverons à la cour
Où placer mieux notre amour.

    ARLEQUIN;
    AIR: Que ne suis-je la toilette!
Rends-moi l'aune de dentelle
Que tu m'as fait acheter.

    SCACAMOUCHE.

Rends-moi le corps de flanelle
Dont tu sais bien te parer;

    COLOMBINE.

Rends-moi cette bonne soupe
Que je te fis l'autre jour.

     MARGOT.

Rends-moi; cette belle toupe
Dont-je brodai le contour,

       ARLE.

ARLEQUIN.

AIR : Allons armons-nous d'un verre.
C'est donc ton dessein, tigresse
    Que je me tue à tes yeux ?

SCARAMOUCHE.

Tu souffriras donc, traitresse,
    Que je me pende en ces lieux ?

COLOMBINE.

Tu peux t'étrangler.

MARGOT.

Tu peux t'éventrer.

ARLEQUIN.

Adieu donc, Colombine,
Adieu, je vas m'assassiner.

SCARAMOUCHE.

Adieu donc pour toujours, Coquine,
Adieu, je vas me dépêcher.

MARGOT.

Oh, je n'en serai point chagrine.

COLOMBINE.

Viens, je veux moi-même t'aider.

*ARLEQUIN & SCARAMOUCHE se
retirent lentement.*

COLOMBINE à ARLEQUIN.

AIR :

AIR : PIRROT sur le bord d'un ruisseau.
Je t'en félicite, Arlequin,
   Vas, infidèle,
   Vas, amant rebelle.
  MARGOT à SCARAMOUCHE.
Je te renonce, Sac-à-vin,
   Gourmand, Fripon, Maraud, Faquin.
  COLOMBINE à ARLEQUIN.
Je brûle d'une ardeur nouvelle
  Pour un amant tendre & badin.
    MARGOT.
Ils s'en vont se pendre par là.
  ARLEQUIN à COLOMBINE en
    s'enallant.
Ah, ah, tu voudrois bien voir ça.
  SCARAMOUCHE à MARGOT en
    s'enallant.
Ah, ah, tu voudrois bien voir ça.

SCÈNE XIV.

COLOMBINE, MARGOT. LES
DEUX ESCLAVES.
LA 1. ESCLAVE.
AIR. Ich schlief da traumte mir.

Le

Le fincère Arlequin
Qui n'eft pas affez fin
Pour nous en faire accroire
M'a conté votre hiftoire.
Pour un verre de vin :|:
Je fais votre deffein.

L'AUTRE ESCLAVE.　　*MêME AIR.*

Vous êtes des goujats,
Venus dans ces climats
Pour troubler cet empire;
Nous allons le redire
Et nos braves Soldats :|:
Vous casseront les bras.

COLOMBINE.

AIR: Entfetzlich bittern Schmertz.

Aiez pitié de nous,
Aiez pitié de nos malheurs :|:
Que nous trouvions en vous
La fin de nos douleurs.

L'AUTRE ESCLAVE.

Si vous écoutez notre amour
Nous aimant en ce jour,
Votre méchant projet
Sera tenu fecret.

LA

LA 1. ESCLAVE.

Nous sommes deux tendrons
Qui sous cet habit vous ferons
L'amour, l'amour, l'amour.

L'AUTRE ESCLAVE.

AIR: *Quand on sait aimer & plaire.*

Gaiment.   Gagnons notre maisonnette
Venez, mes enfans, suivez-nous.

LA 1. ESCLAVE.

Gaiment.   Vous la trouverez proprette
Et fort commode pour vous.

COLOMBINE *à part.*

Lentement.   Usons de cet artifice
Pour nous soustraire à la mort.

MARGOT *à part.*

Tristement.   Ah! puisse le ciel propice
Changer notre triste sort!

L'AUTRE ESCLAVE.

Gaiment.   Gagnons notre maisonnette
Venez, mes enfans suivez-nous.

LA 1. ESCLAVE.

Gaiment.   Vous la trouverez proprette
Et commode pour vous. *Les esclaves emmènent MARGOT & COLOMBINE.*

SCE-

SCÈNE XV.

MOUSTAPHA.

AIR: *Min Huule er mig kiær.*

Je m'en vas de ce pas
Abandonner cette ile,
J'emmènerai Zirphile,
Elle ne s'y plait pas.

SCÈNE XVI.

LE SAMORIN courant après MOUS-
TAPHA.

Encore un mot, mon frère,
Oubliez cette affaire,
Ne vous en chagrinez pas
Revenez fur vos pas.

AIR: *Ich schlieff &c.*

Venez entendre Ofman
Il devient tout charmant.
Je veux enfin tout faire
Pour tâcher de vous plaire.

MOUSTAPHA d'un air chagrin.

Chaffez donc Arlequin.

LE SAMORIN tirant MOUSTAPHA.

Mon frère, je le veux bien.

MOUSTAPHA retournant.

Je crains qu'il n'en foit rien.

FIN DU 1. ACTE.

ACTE II.

SCENE I.

LE SAMORIN, MOUSTAPHA.

LE SAMORIN.

AIR: Ich bin vergnügt.

Eh bien d'Osman :!:
Qu'en penſez-vous, mon frère?
Il eſt charmant :!:
Mille talens heureux
Comblent mes vœux :!:
Je ne ſaurois m'en taire.

MOUSTAPHA.

De bonne foi
Je le trouve, pour moi,
Un garçon fort mauſſade.
Il a l'air tout malade
Et, dans tout ce qu'il fait,
D'un ſot parfait :!:
Il fait peu de parade
Il ne ſait rien :!:
Qui me ſemble un peu bien.

C

LE

LE SAMORIN.

AIR : Quand on sçait aimer & plaire.

Oh rien ne sçauroit vous plaire
Vous êtes bifarre en tout
Moi, je ne suis-point, mon frère,
En ce cas de votre goût.

MOUSTAPHA.

Si vous avez vu Zirphile,
Elle a bien un tout autre air.
Mais elle part de cette île
Nous allons nous mettre en mer.

LE SAMORIN.

Oh! rien ne sauroit vous plaire
Vous êtes bifarre en tout.
Moi, je ne suis point, mon frère,
En ce cas de votre goût.

MOUSTAPHA.

AIR : Dans ma Cabane obscure.

Ah je la vois, Zirphile,
Quel air mignon & fin!
Quel tréfor pour votre île!
Sans le fourbe Arlequin
Osman ne peut lui plaire
Avec tant de défauts,
Elle ne peut se faire
A des airs si badauds.

LE SAMORIN.

AIR : Maman me dit à chaque instant.

Chaque père aime ses enfans
Et les trouve toujours charmans,
Ne fuſſent-ils que des marmottes,
Nous leur découvrons des attraits,
Souvent nous ſommes leurs portraits.
Chacun, mon frère, a ſes marottes.

AIR : Iris cette nuit en dormant.

Pour vous dire mon ſentiment,
A parler ſans emportement,
Je trouve Zirphile niaiſe.
On diroit un marbre ſculté
Qui plus de mille livres pèſe.
Une ſi peſante beauté
A toujours l'air fort emprunté.

AIR : Je vous ai juré, maman.

Quant à ſon rare ſavoir,
Il m'a tantôt ſemblé voir
Que c'eſt l'ignorance même
Et, hors un orgueuil extrême,
Tenez-vous le pour bien dit,
Zirphile n'a point d'eſprit.

MOUSTAPHA.

AIR : Allons, armons-nous d'un verre.

Vou-

Voudriez-vous qu'une femme
Fît fans ceffe le Caton ?
Qu'elle ferve à notre flamme,
Que d'ailleurs comme un Santon
Elle ignore tout,
C'eft là notre goût.
Une femme favante
Boulverfe bientôt fa maifon
Tout gène une femme pédante
Et fon ménage eft fa prifon.

LE SAMORIN voyant de loin ZIRPHI-
  LE qui baife OSMAN.

Voyez votre fille prudente,
Elle brûle comme un tifon.

 MOUSTAPHA. AIR. SILVIE.
 Zirphile,
 Zirphile,
Accours à ma voix.
Quittons cette île,
Regâgnons nos bois :
La folitude
Te convient bien mieux.

  LE SAMORIN riant.
Elle prélude,
 Laiffez-les tous deux.

SCE-

SCÈNE II.

*ZIRPHILE habillée en Turc, & OSMAN
paroissent se tenant par la main.*

MOUSTAPHA.

AIR : Or écoutez petits & grands.

Ma fille, il faut quitter ces lieux
Qui vous feroient pernicieux ;
Vous devez faire votre étude
De vivre dans la solitude.

ZIRPHILE.

Mon père, il nous faut prendre Osman
Pour me servir d'amusement.

AIR : Maudit amour ! &c.

Le serein que j'ai dans ma cage
Quoi qu'il chante admirablement
Me dégoûte par son ramage
Depuis que je connois Osman.

AIR : Eh comment se deffendre !

Mettez Osman dans ma cage
Ce jeune Prince est bien plus amusant :
S'il n'a pas un joli ramage,
Son badinage est tout charmant.

MOUSTAPHA en colère.

AIR : Iris cette nuit en dormant.

C 3

Voilà

Voilà les mœurs de ce féjour,
Tout n'y refpire que l'amour.
Cette île indolente & oifive
Eſt pleine d'habitans fans mœurs.
La débauche la plus lafcive
Y prend racine dans les cœurs.

LE SAMORIN à fon fils.

AIR : Je vous ai juré, Maman.

Je donnerai votre main,
J'ai réfolu votre himen.

OSMAN.

J'abhorre le mariage.

MOUSTAPHA.

Voilà qui me plait.   Courage!

OSMAN.

Mais donnez moi, mon papa - - - -
Zirphile - - - - - Il me faut cela.

LE SAMORIN riant.

AIR : C'eſt tenter dieu.

Que répondre à cela
Rigide Mouſtapha?
Voilà de la nature
L'expreffion toute pure.

MOUSTAPHA d'un air chagrin.

Je ne dis pas le mot,
Mais je pars auffi-tôt.

*Il fort en entrainant ZIRPHILE, OSMAN
court après elle & ne la lâche point.*

OSMAN.

DIR: Entfetzlich bittern &c.

Aiez-pitié de moi,
Helas! Zirphile va partir,
Ce n'eft que fous fa loi
Qu'il faut vivre & mourir.

ZIRPHILE.

On me ravit Osman,
Rendez-moi cet amant.
  Helas! mon cher papa,
  Accordez-moi cela.
Que nous nous aimerons!

OSMAN.

Sans ceffe enfemble nous ferons.

TOUS DEUX.

L'amour, l'amour, l'amour.

SCE-

SCÈNE III.

LE SAMORIN seul.

AIR : Je ne suis né ni Roi ni Prince.

La nature parle un langage
Dont la force toujours engage.
J'ai pitié de ces deux enfans
Dont l'ardeur me paroit extrême.
Ah que l'on passe de beaux ans !
Lorsque dans ce bel âge on s'aime.

AIR : Mon père je viens devant vous.

Oui, oui je l'empêcherai bien
De quitter ainsi mon rivage
Quoiqu'il fasse, il n'en sera rien
Je veux traverser ce voyage.
Je peux compter sur Arlequin
Qui mettra mon projet à fin.

AIR : C'est tenter dieu.

Cette affaire me touche
Je crois que Scaramouche
    En aura soin :
Il a pris la nacelle
On ne sauroit sans elle
    Aller bien loin.   *il sort.*

SCE-

SCÈNE IV.

ARLEQUIN entre de l'autre côté.

ARLEQUIN.

AIR : Du haut en bas.

Du Samorin
Je viens d'avoir une patente
Du Samorin
Je suis le premier médecin.
Cette charge est très importante,
Si je pouvois remplir l'attente
Du Samorin.

AIR : Vor allem was ich schönes weiss.

Je lui chatouillerai le cœur.
Pourvu qu'on flatte un grand Seigneur,
On en fait ce qu'on veut.
Je m'y connois un peu,
Bourba verra beau jeu.
Le vilain métier de flatteur
Ne fit jamais beaucoup d'honneur,
Mais sans ce métier là
On ne vaut pas cela, *il crache,*
Féfons donc le pié-plat.

SCÈNE V.
PIERROT, ARLEQUIN.

PIERROT.   AIR: *Du haut en bas.*
Au Samorin
J'ai fait mon humble revérence,
Au Samorin
J'enseigne françois & latin.
Malgré la plus crasse ignorance
Je dois ce poste d'importance
Au Samorin.

ARLEQUIN.   AIR: *Lonlanla dérirette.*
Quand ce Seigneur te parlera
Sais-tu ce que tu répondras?

PIERROT
Lonlanla dérirette.

ARLEQUIN.
Moi, je veux répondre aussi
Lonlanla dériri.

PIERROT.   AIR: *C'est tenter dieu.*
Je suis un grand ignare,
La chose n'est pas rare
Dans notre tems.
Mais avec de l'audace
Je garderai ma place
Sans contre-tems.

AR.

ARLEQUIN. MêME AIR.

On dit qu'une patente
Rend la tête favante
  A bien des gens.
Or fefons-en l'épreuve,
La chofe n'eft pas neuve
  Dans notre tems.

PIERROT.

AIR: Je ne fuis né ni Roi ni Prince.

Ce n'eft pas pour notre mérite
Qu'on nous donne de l'eau benîte;
Mais c'eft qu'on a befoin de nous
Pour tâcher d'arrêter Zirphile.
Osman veut être fon époux
Et Mouftapha veut quitter l'île.

ARLEQUIN. AIR: Joçonde.

Tâchons d'abandonner ces lieux,
Je n'y faurois plus vivre.
Ces climats me font odieux
Partez: je veux vous fuivre.

PIERROT.

Il faut fe faifir du bateau
  Pour fortir de cette île.
Mais nous en fortirons plutôt
  Par l'himen de Zirphile.

AR-

ARLEQUIN. *AIR: Du Grimaudin*
Ah, le voici, par la Sambille!
Le Samorin.
On diroit, ſous cette mandille,
Michel Morin.
J'apperçois Scaramouche auſſi
Qui s'approche à grands pas d'ici.

SCÈNE VI.

ARLEQUIN, PIERROT, SCARA-MOUCHE.

SCACAMOUCHE.

AIR: Je ne ſuis né ni Roi ni Prince.
Je ſuis, pour le coup; géographe
Antioaire, hiſtorïographe
De notre illuſtre Samorin,
Qui m'a confié cette charge.
Pour du ſavoir, pas un ſeul brin;
Mais j'ai la quarrure bien large.

AIR: Iris cette nuit en dormant.
Je vas étourdir l'univers ;
De mille triomphes divers.
Mettant victoire ſur victoire
Du Japon juſqu'au Paragai,

Sans

Sans m'arrêter beaucoup au vrai,
Je ferai voyager sa gloire.

ARLEQUIN.

AIR: Al min Lyst og al min Attraae.
Et moi je vas le guérir
De tous les maux qu'il n'a pas,
En cas qu'il vienne à mourir;
Sans tant faire de fracas
Je dirai qu'un médecin
Ne sauroit arrêter la vie,
Quand parfois il lui prend envie
De quitter un corps fort sain.

PIERROT. *AIR: Je ne suis né &c.*
Cela me fait pâmer de rire,
Moi chétif qui ne sais pas lire
Je dois enseigner le françois.

SCARAMOUCHE.
Je ne vois là point de miracle
Je ne doute point du succès;
Tu serais bientôt un oracle.

ARLEQUIN. *AIR: Sans le savoir.*
Mille fois plus ignare encore,
J'étois une pauvre pécore,
Apréfent j'épelle assez bien,
Ci-devant je ne savois rien.

Dans

Dans peu je vas savoir écrire,
Et si cela duroit un an
Je pourrois bien apprendre à lire
En enseignant.

SCÈNE VII.

LE SAMORIN, les précédens.

LE SAMORIN.

AIR : Iris cette nuit en dormant.

Je sens un étourdissement
Qui me peine cruellement.
Je suis très souvent immobile
Et marche d'un pas chancelant :
Le mal qui me tourmente tant
Ne provient-il pas de la bile ?

ARLEQUIN.

AIR : A ta santé, ma maitresse.

Si vous manquez de lancettes
Pour que l'on vous tire du sang :
Prenons quelques baionnettes
Et rendons-en le bout tranchant.
Seigneur, la meilleure recette, ⎫
Seroit d'un humen la fête   ⎬ *bis.*

AIR :

AIR. Ich schlief da traumte mir.

Mariez promtement
Zirphile avec Osman
Ils sont l'un & l'autre d'âge
A râter du mariage,
Mais ne différez point
De finir cet himen
Cela seul peut vous rendre sain.

PIERROT.

AIR: Min Huule er mig kiær.

C'est le meilleur moyen
Que ma tête imagine

SCARAMOUCHE.

C'est ainsi que j'opine

LE SAMORIN.

C'est aussi mon dessein.

ARLEQUIN.

Pour moi je m'imagine,
Malgré que l'on machine,
Qu'il faut aller bon train.

LE SAMORIN.

La chose s'achemine :!:
Nous en verrons bientôt la fin.

AIR: Vor allem was ich weisz.

Il faut pour surcroit de santé
Les charmes de quelque beauté

Co-

Colombine a des yeux
Qui me guériront mieux.

ARLEQUIN.

Colombine a l'air d'un magot.

LE SAMORIN.

J'ai beaucoup admiré Margot.

SCARAMOUCHE.

Elle est vieille, Seigneur,

ARLEQUIN.

Elles font mal au cœur.

RIERROT.

Leur visage fait peur.

LE SAMORIN.

AIR : *Ah, Silvia min skiönne.*

Il faut que vous soyez malades
Pour les trouver maussades.
J'admire leurs appas,
Vous ne les aurez pas.
Je trouve ces deux filles
Aimables & gentilles,
Mais faute de plaire à vos yeux,
Tâchez ailleurs de trouver mieux.
Pour ne point vous fâcher,
Je veux bien les garder.

AR.

ARLEQUIN.

AIR: Al min Lyst og &c.

C'étoit pour rire, Seigneur,

SCARAMOUCHE.

Je pensois tout autrement.

PIERROT.

Ils vous ont voilé leur cœur,
Ils les aiment tendrement.

LE SAMORIN.

Ah c'est donc ainsi qu'on m'abuse!
Je me doutois de ce trait.
Ce n'est pas moi qu'on amuse
Je sais découvrir le vrai.

LE SAMORIN.

AIR: Vor allem was ich weisz.

Ces belles sont en sureté
Et mon himen sera fêté.
Je crois que leurs beaux yeux
Me réchauferont mieux
Que les ordres mal-sains
De mille médecins
Qui font que tôt ou tard,
Victime de leur art,
De ce monde l'on part.

D   LE

LE SAMORIN à SCARAMOUCHE.

AIR: *Ah Sylvia min Skiönne!*

Jt prétens pour ma gloire
Imprimer mon histoire.
Au comble de mes vœux,
Gai, satisfait, heureux
Je possède deux filles
Toutes deux fort gentilles,
Enfin mon bonheur est parfait,
Scaramouche, marque ce trait,
Et la datte d'un jour
Que je voue à l'amour.

à PIERROT.   AIR: *Al min Lyst &c.*

Toi, Pierrot, par mille vers
Chante leurs piquants attraits
Fais connoître à l'univers
Et leurs charmes & leurs traits;
Je ne puis être heureux sans elles.
Je les chéris tendrement,
Et si je perdois ces deux belles,
J'en mourrois certainement.

ARLEQUIN.

AIR: *Al Bekymring, Sorg og verslig Möye.*

Ne faut-il pas, Seigneur, qu'on leur donne
Quelque chose pour le teint?

Com-

Commandez-moi que je leur ordonne
   Le petit-lait le matin.
J'ai plufieurs eaux pour le coloris,
   Les effets en font admirables ;
C'eft de l'eau non-pareille
   Qu rend la peau vermeille
Et les traits du vifage aimables.

LE SAMORIN.

AIR: *Hvad vil der blive aft*

Les voici près de nous
Dans cette maifonnette :
D'un remède fi doux
Portez-leur la recette.

à PIERROT.

Pour toi, Pierrot, fuis-moi,
   Viens parler à Zirphile
   Pour l'avoir en cette île,
   J'aurai befoin de toi.

il fort avec **PIERROT.**

SCÈNE VIII.

ARLEQUIN, SCARAMOUCHE: CO-LOMBINE dans une maifonnette d'un côté, MARGOT dans une autre mai-fonnette du côté oppôfé. ARLEQUIN

frappe à la maisonnette de COLOMBI-
NE, SCARAMOUCHE heurte à celle
de MARGOT.

DUO.

SCARAMOUCHE, ARLEQUIN.

AIR : Ich bin vergnügt.

Ouvrez, ouvrez :|:
Ouvrez-nous votre porte.
Vous nous voyez :|:
Tous les deux devant vous
A vos genoux :|: .
Nous acceptons vos chaînes,
E'coutez-nous :|: ,
Venez finir nos peines.
Nous serons votre escorte
Si vous faites en sorte
D'abandonner ces lieux: .
Rendez heureux :|:
Celui qui vous adore.
Comblez nos vœux :|: :
Quittez ces lieux affreux.

COLOMBINE & MARGOT regardant
par la fenêtre.

AIR : Ihr Sternen hört wie man mit mir &c.

TOUTES DEUX.

Ah

Ah triste fort! il n'est aucun effort
Qui puisse ouvrir ces lieux
Qui nous font d'autant plus affreux
Qu'ils feront pour toujours
Obstacle à nos amours.
Dans nos malheurs
Dans nos douleurs
Personne ne sèche nos pleurs.
Tendres oiseaux,
Sur les ormeaux
Venez plaindre nos cruels maux.
Tourterelles, qui dans les bois
Ecercez vos plaintives voix,
Plaignez nous mille fois.
Les rochers attendris
Ont entendu nos cris,
Ils font infructueux,
Tout s'oppose à nos vœux.

ARLEQUIN & SCARAMOUCHE montent dans les maisonnettes pendant que MOUSTAPHA & le SAMORIN entrent, sans se voir les uns les autres.

SCÈNE IX.

LE SAMORIN, MOUSTAPHA.

MOUSTAPHA.

AIR: Hvad vil der blive af?

Je n'y puis consentir
Et déjà j'ai grand'hâte
De pouvoir repartir,
Car Zirphile se gâte.
Au font d'une foret
Elle a passé sa vie
Dans un profond secret
Sans crainte & sans envie.

AIR: Maudit amour &c.

Mais je vous le répère encore,
Chassez de ces lieux Arlequin,
Car ce n'est que cette pècore
Qui me fait changer de dessein.

AIR: Or écoutez &c.

Si vous faites ce noble effort
On vous en admirera fort.
Alors je resterai dans l'île,
Et je vous laisserai Zirphile.

*Il apperçoit ARLEQUIN & SCARA-
MOUCHE auprès de COLOMBINE
& de MARGOT. demi bas.*

Contemplez votre médecin
Et jugez mieux de son dessein.

LE

LE SAMORIN.
AIR : Mon père je viens devant vous.

Sortons promtement de ces lieux,
Je me sens gonfler de colère.

MOUSTAPHA.

Ouvrirez-vous enfin les yeux,
Me croirez-vous, mon frère ?

LE SAMORIN.

Je ne vois que trop son dessein,
Mais le traître tend à son fin.   *ils sortent.*

SCÈNE X.

LES PRÉCEDENS toujours dans les maisonnelles.

CHOEUR.

AIR : Retfærdige Regent.

Amour ! ô tendre amour !
Qui nous tiens dans tes chaines,
Viens embellir ce jour
En terminant nos peines.
Sur tes sacrés autels
Tu reçus notre hommage,
Par des nœuds éternels
Consume ton ouvrage.

     SCE-

SCÈNE XIII.

UN EXEMT & DES GARDES.

On entend des fiffres & des tambours avec des hautbois.

L'EXEMT.

AIR : God Viin i Glaffet fkienket.

Allons, qu'on les faififfe :
Il faut qu'on les puniffe
Un fi noir attentat mérite la mort.
Qu'ils tombent dans l'abime
Que leur ouvre leur crime
Il n'eft aucun mortel qui plaigne leur fort
C'eft donc ainfi, traitres,
Qu'on trahit fes maitres !
La mort qui vous attend de vos noirs forfaits
Punira l'audace :
N'attendez point de grace,
Mais de notre courroux les juftes effets - - -
ARLEQUIN & SCARAMOUCHE veulent fortir par la fenêtre, on tire deffus.

FIN DU II. ACTE.

ACTE

ACTE III.

SCÈNE I.

La scène représente les avenues du palais plantées de belles allées & parsemées de statues.

OSMAN. ZIRPHILE.

OSMAN d'un côté. AIR: *Lusingero &c.*

Une profonde tristesse
Depuis peu domine en moi:
Mon cœur éprouve sans cesse
Un certain je ne sais quoi.
De l'ombre la plus épaisse
Je cherche l'obscurité,
Un trait inconnu me blesse
Et fait ma félicité.

Zirphile! aimable Zirphile!
Je ne peux vivre sans toi.
Ah! viens régner dans cette île,
Je m'y soumets à ta loi.
Je veux vivre sous tes chaînes,
Je serai tendre & constant,

D 5

Je

Je verrai finir mes peines
Si tu m'aime un seul instant.

Si j'avois un diadême
Il te seroit présenté
Et l'autorité suprême
Couronneroit ta beauté.
Ah ! je n'ai, belle Zirphile,
Je n'ai que ma tendre ardeur,
Tout le reste est inutile
Lorsque l'on n'a plus son cœur.

Si mon triste sort te touche
Tu peux finir mes malheurs,
Piusqu'un seul mot de te bouche
Suffit pour sécher mes pleurs.
Viens être ma souveraine,
Répons à ma vive ardeur,
Si tu veux être ma reine,
Ton trône sera mon cœur.

ZIRPHILE de l'autre côté se promenant.
MÊME AIR :
Une profonde tristesse
Depuis peu domine en moi.
Mon cœur éprouve sans cesse
Un certain je ne sais quoi :

De

De l'ombre le plus épaisse
Je cherche l'obscurité,
Un trait inconnu me blesse
Et fait ma félicité.

Osman, je vois ton image
Partout présente à mes yeux.
L'allégresse est mon partage
Dans ces tems délicieux.
Quand le jour écarte l'ombre
Osman occupe mon cœur
Et dans la nuit la plus sombre
Je l'apperçois plein d'ardeur.

Lorsqu'il est loin je soupire,
Je suis contente avec lui:
Aussi-tôt qu'il se retire
Je sens un cruel ennui,
Sans que je sache dire
Si cela se nomme amour;
On si ce n'est qu'un délire
Qui m'occupe nuit & jour.

OSMAN *courant à* ZIRPHILE.
MÊME AIR:

Ah! Que ma joie est extrême
De vous trouver en ces lieux!
Qu'on est heureux quand on aime
Et qu'on place bien ses feux!

ZIR.

ZIRPHILE.

Si ce que reſſent mon ame
Eſt ce qu'on apelle amour,
Osman fit naitre la flamme
Qui m'occupe nuit & jour.

TOUS DEUX en ſe tenant par la main.
MêME AIR.

Divinités immortelles,
Gardiens de cette foret,
Sur nos ardeurs mutuelles,
Gardez un profond ſecret.
Ne chantez point notre flamme,
Vous nous feriez des jaloux,
Les tranſports que ſent notre ame
Sont trop ardens & trop doux.

SCÈNE II.

*LE SAMORIN & MOUSTAPHA les
ſurprennent.*

LE SAMORIN.

AIR: Au bord d'un clair ruiſſeau.

Eh bien réſiſtez-vous
Encore à cette flamme
Qui fait naitre en leur ame
Les tranſports les plus doux?   Bla-

Blâmez-vous une ardeur
Que guide la nature?
Une flamme si pure
Doit faire leur bonheur.

MOUSTAPHA.

AIR: Ich bin dir nicht mehr wie vormahls.

Mon frère, cet himen dépend de vous,
Pourvu que nous soyons d'accord entre nous.
Il faut auparavant
M'abandonner Osman:
Il se fera mieux
Dressé sous mes yeux,
Qu'au centre de cette île
En mœurs si stérile.
Je veux le former:
Fait pour aimer;
    Dans la solitude
    Une noble étude
      Ornera son cœur:
Alors la tendresse
Que sent sa maitresse
    Fera son bonheur.

OSMAN.

AIR: Hörer j Dyder som Feyl os bebreyder.

Mon cher papa Mignon, si je dois vivre
E'coutez Moustapha, je veux le suivre.

Zir-

Zirphile veut orner ma solitude,
Je ferai de l'aimer ma seule étude.
Ah! que mon oncle parte & qu'il m'emmène,
Je quitterai ces lieux sans nulle peine.

ZIRPHILE.

AIR: Vi slaae ævig af vor Sind.

Ah! ne partez point sans Osman,
Ou c'est fait de Zirphile.
Laissez-moi plutôt dans cette île
Avec ce tendre & cher amant.
Nous nous aimons tous deux
D'une vive tendresse,
Ne troublez point les vœux
De l'ardeur qui nous presse.
Nous sommes faits pour nous aimer,
Osman est né pour me charmer.
Ah! ne nous séparez pas:
Plutôt cent fois le trépas;
Ce malheur imprévu nous perceroit le cœur:
Ah, faite de notre ardeur
Notre bonheur!

LE SAMORIN.

AIR: Je ne suis né ni Roi ni Prince.

Zirphile n'est pas si novice - - - - -

MOUS-

MOUSTAPHA.

Tont cela n'eft qu'un artifice
Je vas l'interroger un peu
    Dès que perfonne ne s'ingère - - - - -

LE SAMORIN.

Ah que nous allons voir beau jeu!
        à part:
    Le voilà qui fe défefpère.

MOUSTAPHA à ZIRPHILE.

    AIR: Que je baife ta main.
Voulez-vous un amant?

ZIRPHILE.

Oh non, je ne veux qu'Osman :!:

LE SAMORIN à ZIRPHILE.

Voulez-vous qu'on vous marie?

ZIRPHILE.

Oui, Seigneur, je vous en prie
Si c'eft Osman pui doit m'avoir.

MOUSTAPHA à OSMAN.

    Mais la tendreffe
    Qui vous preffe
N'eft qu'un fubit mouvement,
Peut-être un feu d'un moment - - - -

OSMAN.

Ne le penfez pas.   Osman

                    N'eft

N'eſt pas volage,
Il eſt dans l'âge
De pouvoir donner ſa main.
Il me ſemble qu'un himen
    A des délices
    Lorſque les vices
N'ont pas ſerré ce nœud divin.

      MOUSTAPHA.

    AIR : J'ai choiſi le couvent.

Mais qu'eſt ce qu'un époux ?
Répondez-moi, Zirphile.

      ZIRPHILE.

Un meuble fort utile,
Quand on eſt comme nous.

      MOUSTAPHA.

Tenez, retournez-vous,
Voyez cette ſtatue
Qui vous frappe la vue,
Ainſi ſont les époux.
Eh bien ! en voulez-vous ?

      ZIRPHILE.

Pardonnez-moi, de grace,
Papa n'eſt pas de glace,
Ma mére a dit cent fois.
Qu'il n'étoit pas de bois.

MOUS-

MOUSTAPHA.

AIR: Dans un bois solitaire & sombre.

Pour le coup serviteur, mon frère,
Ne parlons plus de cet himen.

LE SAMORIN.

Vous aviez approuvé l'affaire
Si je chassois Arlequin :|:

MOUSTAPHA.

AIR: Je vas te voir &c.

Cela pouvoit alors se faire
Pourvu qu'on m'eût remis Osman,
Pour que dans un lieu solitaire
Je pûsse élever cet enfant.

LE SAMORIN.

AIR: Maman me disoit l'autre jour.

Vous appouyez fort sur ce point;
Mais je n'en veux rien faire.
De grace, ne m'en parlez point,
J'y suis en tout contraire:
Arlequin doit périr & par la mort
Finir son sort :|:

MOUSTAPHA emmenant ZIRPHILE.

Peu m'importe après-tout, on agira
Comme on voudra :|:

E   SCE-

SCÈNE III.
LE SAMORIN, OSMAN.

OSMAN se mettant à genoux.

AIR: Que je baise ta &c.

Absolvez Arlequin,
Soyez un peu plus humain
A l'égard d'un si bon maître:
Réfléchissez que peut-être
Quelqu'un vous aura séduit.

LE SAMORIN emmenant OSMAN.

Le conseil de guerre
Sait l'affaire,
Il faut le laisser agir;
Mais, mon fils, pour finir
Votre affaire,
Je veux faire
Dès aujourd'hui votre himen
Sans attendre demain.
Je destine,
A Colombine
Votre cœur & votre main.

SCÈNE IV.

Il sortent d'un côté. LE CADI, chargé de papiers & PIERROT entrent de l'autre fort agités.   LE

LE CADI.

AIR: Colette a toujours refuse.

Fut-il jamais sous le soleil
Un scélérat semblable ?
Fut-il jamais crime pareil ?
Si noir, si détestable !

PIERROT.

Il est vrai, seigneur, qu'ils ont tort
Mais si vous les mettez à mort
   On blâmera,
   On frondera
   Fort ce trait là, ce trait là
     Là.

LE CADI.   *AIR: Dans un bois &c.*

Iis mourront, il est de ma gloire
De les faire périr tous deux.

PIERROT.

Le vilain trait pour votre histoire !
Que ce trait-là sera hideux ! :!:

LE CADI.   *AIR: Je vas te voir &c.*

Mais ils se sont rendus coupables
D'un attentat qui fait horreur.

PIERROT.

Pardonnez à ces misérables
Pour qu'ils deviennent gens d'honneur.

E 2

AIR:

AIR: O tendre amour.

Eh par pitié!
Domtez votre colère!
Par amitié - - - - !

LE CADI.

Non je veux les châtier - - - -

PIERROT.

Songez enfin
Qu'il est grand médecin;
S'il se désespère
Il vous donnera le farcin.

LE CADI. *AIR: Constante.*

Qu'il meurre
Sur l'heure!

PIERROT.

Mais gare la colique!
Vous deviendrez étique
Hérétique, gouteux,
Historique, hargneux,
 De sorte - - - -

LE CADI.

Qu'importe - - - -

PIERROT.

Aristocratique & douteux - - - -

LE

LE CADI.

Ce difcours me choque - - - -

PIERROT.

Vous ferez baroque
Et morne fur vos vieux jours - - - -

LE CADI.

Après tout je m'en moque

PIERROT.

Ah! vous verrez de fes tours.

   AIR: Maman me difoit l'autre jour.

Qui prendra foin de mon Seigneur
   Quand il fera malade;
Si fon Efculape a l'honneur
   De fouffrir l'eftrapade?

LE CADI.

Il veut à l'avenir fe porter bien
   Sans médecin :|:

PIERROT.

Ses héroïques faits, qui les dira?

LE CADI.

   Qui le voudra.

PIERROT.   *AIR: Que je baife ta main.*

Et vos pauvres chevaux,
Qui font fi bons animaux
Qui prendra foin de ces bêtes?

E 3   LE

LE CADI.

Si le fourbe avoit cent têtes
Il les perdroit aujourd'hui.
   PIERROT, lui présentant une bourse.
Quoi, rien ne vous touche !
   Scaramouche - - -
     LE CADI:
Le paquet est-il de poids ?
Il est fort, comme je vois,
Mais jamais je ne reçois - - - -
  PIERROT veut le retirer
    LE CADI.

Sans le permettre,
Viens le mettre
Dans ma poche cette fois,
Sans contrevenir aux lois.
   Leur affaire
   Pourra se faire
Il faut recueillir les voix.
Il sort en comptant son argent.

SCÈNE V.

PIERROT seul.
AIR: Iris cette nuit en dormant.
J'attens encor un marabou
Qui pour de l'argent fait beaucoup   Je

Je veux fauver ces miférables
Car je les crois affurément,
Si je ne me trompe pourtant,
Bien plus malheureux que coupables.

SCÉNE VI.

PIERROT, UN MARABOU.

PIERROT.

AIR : A la fanté de ma maitreffe.

Apprenez-moi ce que l'on penfe
De ces étrangers malheureux,

LE MARABOU.

Monfieur, je veux qu'on me difpenfe
De demander grace pour eux,
Si je ne vois la récompenfe
D'un procédé fi généreux.

PIERROT.

AIR : J'avois jufqu'à préfent.

Vous êtes un prêtrot,
Un fat, & pour vrai dire,
Vous ne valez pas trop,
Si ce n'eft pour médire.
Boire, manger & rire ;
Décampez auffi-tôt,
Maître écumeur de pot,

E 4

LE

LE MARABOU. AIR:
C'eft ainfi qu'on brave les cieux
Et que l'on fe moque des dieux:

PIERROT.
Je refpecte l'être fuprême,
Chacun doit le refpecter,
Mais c'eft votre bâffeffe extrême
Que je ne peux fupporter ˎ
    Vous voyez tous ces ducats ‑ ‑ ‑ ‑
    Mais vous ne les aurez pas.

LE MARABOU.
Je crois qu'on peut en confience
S'intereffer pour l'innocence.

PIERROT.
AIR: Je reviendrai demain au foir.
Si l'on ne les condàne pas,
Vous aurez les ducats.   *bis.*

LE MARABOU.
Il faudra bien tâcher de voir,
Je ferai mon devoir, *bis.*   *Il fort.*

SCENE VII.

PIERROT, LE SAMORIN.

LE SAMORIN.
AIR: Colette a toujours refufé.

J'ai

J'ai trouvé des états nouveaux,
   C'est un superbe empire:
C'est un royaume des plus beaux
   Que tout le monde admire.
On le voit dans le firmament.
Une voix a dit gravement
    Il le verra
    Le grand Bourba; *il montre le ciel.*
Ah! le voici, le voilà
     Là.

PIERROT.

AIR : Vi slaae nu ævig af vor Sind.

Pourquoi restons-nous en ces lieux?
Allons conquérir cet empire.

LE SAMORIN.

La chose est très facile à dire.
Mais ce royaume est dans les cieux.

SCÈNE VIII.

*Il tonne furieusement & fait de grands
   ecclairs.*

PIERROT, LE SAMORIN, UN MA-
GICIEN, *paroît tout à coup.*

LE MAGICIEN.

Bourba, je viens des cieux
Pour mettre sur ta tête   Le

Le sceptre glorieux
Que le destin t'apprête.
Vas combler aujourd'hui tes vœux,
Jouis de ton sort glorieux.
Ce royaume éclatant
Dans la lune t'attend:
De ces pays on t'a déclaré roi
L'état ne veut que de toi.
      Prendre la loi.

LE SAMORIN.

AIR: See Damon af fagter.

Viens, monter, sur le toit,
Tu verras ce royaume
Tu liras avec moi
Au bas d'un riche dôme
Ecrit sur le portail
En très gros caractère:
C'EST ICI LE SE'RAIL
DE BOURBA, LE PROSPÈRE. il di-
sparoit. *Les autres sortent & paroif-
fent remplis d'étonnement.*

FIN DU III. ACTE.

ACTE

ACTE IV.

SCÈNE I.

La Scène repréſente l'antichambre du palais du Samorin.

DEUX ARLEQUINS, ſavoir ARLEQUIN & PIERROT, ce dernier déguiſé en ARLEQUIN.

LE I. ARLEQUIN.

AIR : Que j'aime mon cher Arlequin !

Tu veux que je ne ſuis pas moi,
 Miſérable !

LE II. ARLEQUIN, ou PIERROT.

Oui, je dis que tu n'es plus toi.

LE I. ARLEQUIN.

La choſe eſt plaiſante, ma foi.
Que ſuis-je donc ? Le diable
Ou l'ame de quelque Iroquoi ?
 Le cas eſt admirable.

Quoi ! je ne ſuis pas Arlequin ?
Qui peut ainſi médire ?
J'ai fait encore ce matin
Pour notre illuſtre Samorin
 Un inſtrument de cire

Qui

Qui doit le transporter bien sain
Dans son nouvel empire.

LE H. ARLEQUIN.

AIR : Petite brunette.

Quoi! tu n'as pas honte
De faire un tel conte ?
De me débiter
Comme chose sûre
Semblable imposture ?

MÊME AIR.

Toi qui, sur la brune,
Venu de la lune
Mènera demain
Bourba, notre Sire,
Dans son haut empire
Sur on veau marin.

LE I. ARLEQUIN.

AIR : Je ne sais plus auquel entendre.

Tout cela n'est qu'une chimère,
Je ne puis être qu'Arlequin
Qui plus est le fils de ma mère;
Qui le conteste est un faquin.

LE II. ARLEQUIN.   MÊME AIR.

Ta résistance m'importune:
Tu n'es qu'un esprit aërien

Venu

Venu du pays de la lune
Pour y mener le Samorin.

LE I. ARLEQUIN, bas.

AIR : Je jure par tes yeux.

Je fais fort bien pourtant
Que je fuis toujours moi,
Moi, fain & bien portant :
Or c'eft un article de foi
Que j'admets pofitivement.

LE II. ARLEQUIN. même air.

Tout bas entre tes dents.
Que marmotte-tu là ?,
Je veux favoir cela,
Faute de quoi je prends
Le bâton que voilà.

LE I. ARLEQUIN.

AIR : Boire à longs traits.

Je ne dis rien,
Que de chrétien :
Cela nullement ne t'importe ;
    Enfin je croi
    Que je fuis moi
Oui moi, moi, moi, de bonne forte
Si cela duré encore un peu
Je vas te faire voir beau jeu.

LE

LE II. ARLEQUIN. *même air.*

Moi, je foutien
Que je fais bien
Que tu n'es toi de nulle forte :
Or c'est un fait
Certain & vrai.
Je vois que le courroux t'emporte,
Mais adoucis un peu ta voix ;
Ou je ferai jouer mes doigts.

LE MÊME. MÊME AIR.

C'est moi, faquin
Qui d'Arlequin
Suis depuis trente ans la perfonne.
Chacun le croit,
Chacun le voit
Et ton impudence m'étonne,
Je prends de ce bâton maffif. *il le bat.*
Mon argument perfuafif.

LE I. ARLEQUIN.

AIR : La femme à notre ombre reffemble.
Au voleur ! au meutre ! on m'affomme.

LE II. ARLEQUIN.

Que dis-tu de cet argument ?

LE I. ARLEQUIN. *à part.*

Je fuis moulu. Quel diable d'homme !

baut.   Tu

Tu veux râiller assurément,
Mais je tiens la même recette
*il veut le battre & PIERROT lui
ôte le bâton.*
Chacun à son tour-liron-lirette,
Chacun à son tour.

SCÈNE II.

*LES DEUX ARLEQUINS. SCARA-
MOUCHE.*
LE I. ARLEQUIN.
AIR : Quand ma mère dans ses leçons.
Jugez de notre differend
LE II. ARLEQUIN.
N'écoutez pas cet impudent
LE I. ARLEQUIN.
Il radotte.
LE II. ARLEQUIN.
Voici le cas tout simplement
LE I. ARLEQUIN.
Vous condânerez sûrement.
Sa marotte.
SCACAMOUCHE sans les écouter.
AIR : Si nos cœurs sont faits l'un pour l'autre.

Me voilà fur la rive fombre
Dans le royaume des efprits,
Dépuis tantôr je ne fuis plus qu'une ombre
Et je me plais affez dans ce pays.

LE I. ARLEQUIN.

AIR : Quand ma mère dans fes leçons.

N'eſt ce pas un tour impudent?
Je vous dirai le différend
     Soyez arbitre.

LE II. ARLEQUIN.

Je ne veux qu'un mot feulement
Pour confondre l'entêtement
     De ce belitre.

SCARAMOUCHE.

AIR : Si nos cœurs &c.

Arlequin a perdu la vie
Son amour l'a mis au cereueil.
Le même amour, hélas! me l'a ravie
Et c'eſt de moi que je porte le deuil.

LE I. ARLEQUIN tirant SCARA-MOUCHE.

AIR: De vos attraits qui pourroit fe deffendre
Un petit mot.   Jugez de notre difpute.

LE II. ARLEQUIN tirant SCARA-MOUCHE.

Le Malotru prétend être Arlequin.   LE

LE I. ARLEQUIN tirant SCARA-
MOUCHE.

Croiriez-vous bien la chofe qu'il m'impute?

LE II. ARLEQUIN tirant emor SCA-
RAMOUCHE.

Or, prononcez l'arrêt de ce coquin.

SCARAMOUCHE fe débarraffant.

AIR : Liron-lirette.

Vuide qui veut votre quérelle,
Ce n'eft pas l'affaire d'un mort.
D'étaché de la gent mortelle
Je m'inquiette peu de fon fort.
Sans me compter long-tems fornette,
Soyez Arlequin tour à tour,
Chacun à fon tour liron-lirette,
Chacun à fon tour.

SCÈNE III.

LE SAMORIN, LES PRÉCÉDENS,
PIERROT déguifé en ARLEQUIN.

AIR: Si nos cœurs font faits l'un pour l'autre.

Voici de l'empire lunaire
Deux agens dépéchés vèrs vous.
Le miniftre extraordinaire
Sera dans peu de jours chez nous.

F MÉM

MÊME AIR.

Ils font *incognitò* pour caufe
Et ne veulent point s'expliquer;
Mais nous faurons bientôt la chofe:
Tâchons de les faire parler.

à *ARLEQUIN* & à *SCARAMOUCHE.*

AIR: Je ne fais plus auquel entendre.

Meſſieurs, c'eſt ici notre ſire,
Le très illuſtre Samorin:
Vous pouvez en fecret lui dire
Pourquoi vous venez de ſi loin,
Quand arrivera l'ambaſſade
Députée à ce fouverain
Et quand de l'état Aérien
Il entreprendra l'efcalade,
S'il ira fur un veau marin
On fur une poule pintade.

LE SAMORIN.

AIR: Iris veut me rendre les armes.

Ces Meſſieurs n'ouvrent point la bouche,
Ils ne deſſerrent point les denrs;
On diroit que rien ne les touche,
Et qu'ils fe gobergent des gens.
Il faut qu'un préfent les déride
C'eſt le moyen le plus aifé;

Je

Je fuis, certe! bien avide
De les entendre un peu jâfer.

ARLEQUIN.

AIR : *Petite brunette.*

Quand j'étois en vie,
La cruelle envie
Termina mes jours.
Je n'ai de la lune
Connoiſſance aucune,
Malgré vos diſcours.

SCARAMOUCHE.

MêME AIR :

On vous en impôſe,
Car c'eſt une choſe.
Qui ne ſe peut point.
Je ne fuis qu'une ombre
De la rive ſombre.
Dans ce noir pour-point.

PIERROT.

AIR : *Entre le vin & ma maitreſſe.*

Je vous dirai comme il faut faire
Pour encourager ces meſſieurs.
Gardez-vous d'être debonnaire,
Mais roſſez-les de votre mieux.
Je m'en vas leur frotter les côtes

D'un

D'un bon nerf de bœuf que voilà,
Cela fera parler vos hôtes
Qui ne diront rien fans cela.   *Il les bat en*
                   fefant force revérences.

     AIR: Iris, votre voix touchante.

Mes amis, rendez moi compte
De votre voyage en ces lieux.
Ne nous faites point de conte,
Si vous craignez la force de ces pieux.
Je prétens qu'on m'explique
Le deffein d'un voyage fi long :
Que cela foit fait fans replique
Ou, ma foi, gâre le bâton !

       ARLEQUIN.

     AIR : Toi, dont le ramage tendre.

Hélas ! puifqu'on le fouhaite,
Je parlerai de bon cœur
Pour éviter la tempête
Dont je reffens la fureur.
Oui, s'il le faut pour vous plaire,
Je fuis du pays lunaire,
L'agent d'un grand médiateur.

      SCARAMOUCHE.

Mettez fin à votre rage ;
Puifque vous le voulez ainfi,

                       Nous

Nous avons fait le voyage
De la lune jufqu'ici.

PIERROT.

AIR : Un papillon une filette.

Enfin les voilà raifonnables,
Je vous laiffe avec eux, feigneur,
Ils vont parler du fond du cœur
Je les ai rendu converfables. *il fort.*

SCÈNE IV.

ARLEQUIN, SCARAMOUCHE, LE SAMORIN.

LE SAMORIN.

AIR : Pendant la jeuneffe.

Dans ce tête à tête
Rien ne vous arrête :
Parlez franchement.

SCARAMOUCHE.

C'eft mon fentiment. - - - -

ARLEQUIN.

C'eft notre devoir. - - - -

LE SAMORIN.

Mon oreille eft prète - - - -

ARLEQUIN.

Vous allez favoir - - - -

SCARAMOUCHE.

On va vous faire voir - - - -

ARLEQUIN.

AIR: Pour quoi, Lisette. à part.

Ah quel Martire!

Qu'allons-nous dire?

LE SAMORIN.

De grace acceptez cet anneau - - -

ARLEQUIN.

Grand merci, sire.

SCARAMOUCHE. à part.

Ma foi j'admire.

La rare prix de ce riche cadau.

LE SAMORIN.

Or vous venez du pays de là lune - - - ?

SCARAMOUCHE.

Nous sommes envoyés vers vous

ARLEQUIN.

Pardonnez-moi, si je vous importune
   Pour vous faire empereur chez nous.

AIR: Dans tous les différens états.

Mais après un si long chemin
Ne seroit-il pas un moyen
De chasser la faim qui nous mine

De

De puis la pointe de ce jour,
En allant faire un petit tour
A la cuisine ?
LE SAMORIN.
AIR : Plus d'une fois Clarice jeune & belle.
C'eſt fort bien dit.   Allez à la dépenſe,
Vous y trouverez de bon vin,
Des gateaux, du pâté, du pain,
Egayez-vous ;   Et faites-y bon-bance.

ARLEQUIN & SCARAMOUCHE
en ſortant.
C'eſt fort bien dit.

SCENE V.
LE SAMORIN, MOUSTAPHA entre.
LE SAMORIN.
AIR : Pourquoi Liſette ?
Eh bien, mon frère,
Votre air ſévère
Eſt confondu préſentement.
Enfin j'eſpère
Que mon affaire
Réuſſira, même facilement ;
Il ne s'agit plus ſeulement

F 4

Que

Que d'inventer pour le chemin à faire
Le secours de quelque inſtrument.

MOUSTAPHA.

AIR: Plus d'une fois Clarice jeune & belle.

Oui, je l'ai vu ce magicien célèbre
Qui vient de paroître en ces lieux.
Il vous fera monter aux Cieux.

LE SAMORIN.

Oh, je le crois çar il entend l'algèbre.

MOUSTAPHA.

Oui je l'ai vu.

AIR: Au bord d'une fontaine.

J'ai trouvé la recette
De faire le pur or;
C'eſt une rare emplette
Qui me vaut un tréſor.

MêME AIR.

LE SAMORIN.

Voulez-vous bien, mon frère,
En faire auſſi pour moi?
Par là je ſaurai faire
Reſpecter plus ma loi.

MOUSTAPHA.

AIR: J'ai fait ſerment.

J'en ſuis content
Mais donnez-moi votre vaiſſelle.   *LE*

LE SAMORIN.

J'en suis content,
Vous l'aurez avec mon argent
Bijou, rubis, diamant;
Mais d'une façon nouvelle
Faite-moi vite un monceau d'or comptant.

MOUSTAPHA.

AIR : Iris pourquoi vous en défendre ?
Vous m'avez promis Colombine,
Ainsi que l'aimable Margot;
Accordez-moi cette blondine,
Et mariez l'autre à Pierrot.

MÉME AIR.

En ce cas je veux bien vous faire
Votre pot à soupe tout plein.
Je ne manque pas de matière
Pour exécuter mon deffein.

LE SAMORIN.
MÉME AIR.

Vous obtiendrez votre demande
Je vous l'accorde dès l'inftant;
Mais faite un monceau d'or qui rende
Mon nom célébre au firmament.

MOUSTAPHA.
MÉME AIR.

F 5

Don-

Donnez-moi votre argenterie
Votre thrésor & vos deniers,
Perle, médaille, & pierrerie
Et les sabres de vos guerriers.

MÊME AIR.

Vos fusils, votre artillerie,
Tous vos canons & vos mortiers,
Les mords de la gendarmerie
Et jusques aux moindres pierriers.

AIR: Kleine Schöne küsse mich.

J'en ferai des monceaux d'or
Et bientôt votre trésor
Fera d'un chef assez mine
Un considérable Prince,
Quand vous jouirez aux cieux
De vos états merveilleux.

LE SAMORIN.

AIR: J'ai choisi le couvent.

Mon frère, c'est bien dit.
L'invention jolie
Que l'utile chimie!
L'auteur en soit beni!

MOUSTAPHA.

Dans cet armoire git
Le pauvre Sceramouche:

Son

Son trifte fort me touche.
Arlequin près de lui
Repôfe en ce réduit:
Mais, fi par la magie
On leur rendoit la vie - - - - ?
LE SAMORIN.
J'en ferois fort content.
MOUSTAPHA.
Pour moi j'en dis autant.
MOUSTAPHA.
AIR : Kleine Schöne küſſe mich.
Je les ai fait dans ce creux
Anatomifer tous deux:
C'eft une belle momie,
Chef d'œuvre d'anatomie:
Je peux les reſſuſſiter
Quand j'en ai la volonté.
LE SAMORIN avec précipitation.
MéME AIR.
Ah! regardez vèrs les cieux
Tout au deſſûs de ces lieux
Où la nue eft fi blanchette,
Ajuftez cette lunette - - - -
Eh bien ne voyez-vous pas?
A gauche - - - plus haut - - - là bas - - - -
il dirige le télefcope & regardent tout deux.
MOUS-

MOUSTAPHA.   ÁIR: Ohne Liebe.
C'eft la lune
Que je vois de loin.
Je n'apperçois chofe aucune
Qu'un ciel bien férin.

*PIERROT, caché dans un coin, met la
main devant le télefcope.*

LE SAMORIN.   MêME ÁIR.
Il me femble
Que je vois un bras.
C'eft un golfe de la Zemble
Près de Malaga,
Ou la mer germanique,
Ou bien la mer cafpique
Qu'on voit près de Caffa.

PIERROT met la tête devant le télefcope.
J'apperçois une tête
Ce fera quelque cap
Dedans l'île de Crête
Au pays de Tharab *).

MOUSTAPHA.
*AIR: Ihr Brüder zanckt nicht mit den
Thoren.*
Vous favez la géographie,
Auffi bien que l'aftronomie   On

*) Tharab habita en Chaldée & en Méfopotamie.

On l'entend bien à vos difcours;
Il faut que chez un habile homme
Vous aiez placé groffe fomme
Pour achever un fi beau cours.

LE SAMORIN. MéME AIR.

*) Un Richard fait tout de foi-même;
Ce qui coute une peine extrême
A ceux qui n'ont que peu de bien.
Voici des fiences la fource,
On n'a qu'à déployer la bourfe.
Et l'on fait tout fans favoir rien.

MOUSTAPHA. MéME AIR.

Lorfqu'un homme fe croit grand fire,
On n'ôferoit le contredire.

LE SAMORIN.

Pour moi je fuis perfuadé
Sans pouvoir en dire la caufe,
Que tout homme amplement renté
Ne peut ignorer nulle chofe.

MOUSTAPHA.

AIR: Es war ein Mädchen ohne Mangel.
Mais c'eft affez voir à la lune,
C'eft trop fe morfondre à la brune

Deux

---

*) *Ce n'eft pas ce richard doucereux comme du fucre,*
  qui veni du miel au bout d'un bâton.

Deux heures fonneront bien-tôt.
N'allez-vous pas à l'audience?

LE SAMORIN.

Morbleu! c'eft fort bien dit, j'y penfe,
J'allois l'oublier comme un fot.

MOUSTAPHA.   *MÊME AIR.*

Le député s'impatiente,
N'allez pas tromper fon attente,
Ne négligez pas mon avis;
Mais je vous confeille au contraire
De finir aujourd'hui l'affaire - - - -

LE SAMORIN.

Ces bons confeils feront fuivis.   *il fort.*

SCÈNE VI.

MOUSTAPHA, PIERROT.

PIERROT.

AIR: Vom Hügel feh ich vor mir Felder.
Que la pefte foit de la bête
Et de fon royaume de Crête
Qu'il place au pays de Tharab!
Après une femblable antienne,
Je ne doute pas qu'il n'en tienne:
Cet homme eft fou de pied en cap.

MÊME

MÉME AIR:

Mon pauvre cerveau s'alambique
A ce tripotage comique
Pour voir quelle en fera la fin.
J'ai fait un fou de Scaramouche
Qui fe croit mort comme une fouche,
Mais je ignore votre deffein.

MÉME AIR.

Oui, j'ai difputé jufqu'à l'être,
Ce qu'on ne croira pas, peut-être,
J'ai fu, quoique faffe Arlequin,
Me faire paffer pour lui même,
Non fans faire un dépit extrême
A ce miferable faquin.

AIR: Freund verfäume nicht zu leben.

Vous avez brouillé la tête
    Du bon Samorin.
Le fefant d'une planète
    Prince fouverain.

MÉME AIR.

En un mot je vous admire
    Mais puis-je favoir
Ce que tout cela veut dire?
    Je voudrois le voir.

MOUS-

MOUSTAPHA.

AIR: Dasz Mütter fromme sind, Tugend üben.

Je m'en vas te dire la chose,
Mais sois au moins discret, pour cause;
 Voici mon but.
 Le bon Samorin, trop crédule,
 A mis Osman sous la férule
  D'un homme brut;
 Osman doit épouser Zirphile,
 Mais je vois son état fertile
  En grand danger.
 Mon frère n'est qu'un imbécile
 Je veux qu'il chasse de son île
  Cet étranger.

AIR: Es steigt auf purpurem Gefieder.

Voulant donc sauver l'héritage
D'un enfant encor en bas âge,
Il faut que je chasse Arlequin.

PIERROT.

Je ne vois ressemblance aucune
Entre le pays de la lune
Et votre louable dessein.

MÊME AIR.

Comment envoyer votre frère
S'emparer de cette chimère
Qui n'existe qu'en son esprit?   *MOUS-*

MOUSTAPHA.

Ah pour le coup tu m'importune,
Ce fameux pays de la lune
Se voit à quelques pas d'ici.
 AIR: Hier wo ich Abend-Röhte.
Tu vois cet édifice? (*il montre du doigt.*)
  ## PIERROT.

Mais ce font des prifons.
  ## MOUSTAPHA.

On nomme cet empire
*) *Les petites maifons ;*
De la gent frénétique
 C'eft l'honnète féjour:
Mon frère eft lunatique,
 Transférons-y fa cour.
  ## PIERROT.

 MÊME AIR avec étonnement.
Ah, Ah, Ah! fans lunette
 Je vois votre projet,
L'entreprife eft honnète
 Et digne de l'objet
Qui fait agir le Zèle
 Dont brûle votre cœur.   Je

*) En allemand. das Tollhaus.

  G

Je vous ferai fidèle,
    Comptez sur mon ardeur.
MOUSTAPHA.
AIR : Des Tages Licht hat sich verdunkelt.
J'ai su trouver une rubrique
Qu'il prend pour un secret chimique
Propre à lui faire un monceau d'or.
Il s'en fait déjà grande fête,
Il s'est mis cette bourde en tête
Et m'a donné tout son trésor.
PIERROT. *MÊME AIR.*
Je vas lui donner une aubade,
Nous oublyons notre ambassade:
Or ce point est très important.
Je conduirai seul cette affaire;
Puisque je sais tout le mistère,
Je ne dois pas perdre un instant.
il sort.

SCENE VII.
MOUSTAPHA *seul.*
AIR : Erheitert Stirn und Aug, ihr Brüder!
Ah çà! pour finir cette intrigue,
Il me faut conclure une ligue
Avec l'industrieux Pierrot,

Et

Et par ce moyen je devine
Que nous chasserons Colombine,
Et que nous proscrirons Margot.
MêME AIR.
Comme cette affaire me touche,
Mon deffein est que Scaramouche
Epoufe aujourd'hui fa Margot :
Cet himen fera fort utile
Pour les bannir tous de cette île.
Arlequin les fuivra bientôt.

AIR : *Lern als Doctor in Gerichten.*
Un navire fans pilotte
Que l'onde amère balotte
Et qui fans conducteur flotte
Au gré des vents en fureur,
En eft bientôt la victime,
Il s'enfonce dans l'abime,
Où quelque ouragan l'abîme :
Sa trifte fin fait horreur :
MêME AIR.
Tout de même l'héritage
D'un pupile en fon bas âge,
Lorfqu'un tuteur trop peu fage
En tient la régie en main ;
Un tel héritage dis-je

G 2

Ne

Ne psut sans un grand prodige,
Fuir un nauffrage certain.
AIR: Herr Robert gleicht der Robertinn.
Pour mettre mon projet à fin
Je veux relever Arlequin,
Oui, lui même, capable ou non,
En aura la direction.
Mon frère s'en dégoûtera
Et je ne cherche qui cela.

        MéME AIR.

Voici Colombine & Margot,
Scaramouche les suit au trot;
Je les laisse ensemble en ces lieux,
Ils s'entretiendront de leurs feux;
Cependant je m'en vas plus loin
Pour agir selon le besoin.   *il sort.*

SCÈNE VIII.

ARLEQUIN, SCARAMOUCHE, CO-LOMBINE, MARGOT.

ARLEQUIN, aiant trois queues de renard pendantes par derrière.

AIR: Du holder Gott des Schlafs.

Place! Place! Messieurs,
L'espace de trois lieues

N'est

N'eft pas pour mes trois queues
Un efpace affez grand.
Je fuis bacha partout :
On me parle à genou.
On m'a vu dans ces lieux
Privé de la lumière;
Mais ma forme première
Par un grand enchanteur m'eft rendue à la fin:
De nouveau je fuis Arlequin.
MÊME AIR :
Oui qu'on aille attrapper,
Même en courant cent lieues,
Des renards à trois queues:
Ils n'en ont qu'une tous
Et telles font leurs loix;
Mais pour moi j'en ai trois,
Cela dit clairement
Que j'ai plus de fineffe
D'efprit, & de foupleffe
Quand le plus fin renard comme l'évènement
Le prouvera certainement.
SCARAMOUCHE avec un bonnet de
Capigibachi.
AIR : Beftimt nur Thränen zu vergieffen.
Revenu de la fombre rive,
Je fuis maintenant tout ravi;

G 3

Que

Que le fort me fasse revivre
Pour occuper le rang de *Capigibachi.* *)
    MéME AIR en appercevant Margot.
La dignité dont on m'a paré
Ne me touche que pour Margot.
Que rien jamais ne nous sépare
Et qu'un amour constant soit notre unique lot.
    ARLEQUIN voyant COLOMBINE.

    AIR: Damötas war schon lange Zeit.
Colombine, le tendre amour
Dont je brûle au fond de mon ame
Va nous unir dans ce séjour.
Viens, viens, viens couronner ma flamme
Par le plus sincère retour.
    COLOMBINE. MéME AIR.
Je ne sache rien de plus doux
Que les charmes de la tendresse:
Non, rien n'égale l'allégresse
Que doivent sentir deux époux;
Mais je ferois une bassesse
Si j'avois de l'amour pour vous.
    COLOMBINE.

    AIR: Eilt, ihr Schäfer, aus den Gründen.
                                        Mon

*) *Cette charge est celle d'une espèce de bourreau*
& c'est ce que Scaramouche ignore.

Mon ami , je te conseille
D'aimer Life uniquement ;
Car mon courroux fe réveille
Quand je te vois feulement.

MARGOT à SCARAMOUCHE.

Fourbe ! chéris ta Périne
Que tu quittas lâchement.

COLOMBINE à ARLEQUIN.

Traître ! apprends que Colombine
Détefte un perfide amant.

MêME AIR.

MARGOT à SCARAMOUCHE.

Vas-t-en confoler ta femme,
Perfide ! infidèle époux ,
Ne prétends point à ma flamme,
Ne prétends qu'à mon corroux.

COLOMBINE à ARLEQUIN.

Retourne vèrs ton époufe ;
Scélérat ! époux trompeur !
Traître ! en mon ame jaloufe
Tu n'exite que l'horreur.

ARLEQUIN.

AIR : Noch bin ich jung von Jahren.

Comment ! n'as-tu pas honte
De me faire un tel conte ?

G 4

SCA-

SCARAMOUCHE.

On t'en donne à garder.

COLOMBINE *à* ARLEQUIN.

Oh, je fais bien la chofe,
Le contract & la clofe;
Tu ne peux m'abufer.

MARGOT *à* SCARAMOUCHE.

MÊME *AIR:*

Je détefte ta flamme,
Oui Périne eft ta femme,
On m'a conté le tour.

COLOMBINE *à* ARLEQUIN.

Je fais qu'une grifette,
Qui fe nomme Lifette,
Poffède ton amour.

MARGOT.

AIR: *Dafz ich bey meiner Luft, durch*
kein Zwang mich qwäle.

Perfide! Ne crois point que ta feinte m'abufe
    Pendant qu'on bandoit l'arquebufe
Pour trancher tout d'un coup la trame de ter
             jours,
Je t'ouïs confeffer ton fecret mariage:
    Sache que j'aurai le courage
    D'oublïer un amant volage

AR-

ARLEQUIN à COLOMBINE.
Mais toi n'aurois tu pas aimé dans le bel âge?
SCARAMOUCHE à MARGOT.
N'as-tu jamais effayé de l'himen?
MARGOT.
J'époufai l'an paffé le pauvre Scanarelle
Qui fubit en public une mort très cruelle.
COLOMBINE.
Polichinelle un jour m'unit à fon deftin,
Mais on l'a fait mourir au bout d'une ficelle,
   Et me voilà pucelle
   Depuis fa trifte fin.
ARLEQUIN.
J'époufai malgré moi l'imbécile Lifette,
Mais en pays de Turc le contrat ne vaut rien.
SCARAMOUCHE.
Périne m'époufa, mais hélas! la pauvrette
Paffa huit jours après au monde foutérain.
COLOMBINE.
Lifette mourut donc. Tu ne me trompe
        pas?
ARLEQUIN.
Je fuis très fûr de fon trépas.
SCARAMOUCHE.
Ma Périne a paffé le pas.

G 5

MÉME

MÊME AIR.
MARGOT.

Ces trépas supposés ont tout l'air d'une bourde
Qui même me paroît fort lourde.

ARLEQUIN.

Non, non, foi de Bacha! je ne vous trompe
point

SCARAMOUCHE.

Non foi de Capigi! je garantis la chose,
Si l'un de nous vous en impose,
Je veux bien devenir alose.

ARLEQUIN.

Un Bacha ne ment point pour deffendre sa
cause

SCARAMOUCHE.

Les Capigis font naïfs en tout point.

COLOMBINE.

Quoi! Capigi! Bacha! - - - mais que voulez-
vous dire?

SCARAMOUCHE.

C'est le poste important que j'ai dans cet em-
pire,

ARLEQUIN.

Et moi, comme Bacha, je suis bien plus que
lui.

De

De ce nouveau pays régiffant la machine;
    C'eft avec droit qu'on s'imagine
    Que nous en fommes tout l'appui,
Perfonne en ces climats ne fait notre origine
Nous n'avons d'autre but que d'amaffer du
          bien,
Pour décamper un jour enfemble à la four-
          dine.

SCARAMOUCHE.

Pour cet article-là nous ne négligeons rien.

MARGOT.

Scaramouche en ce cas poffédera mon cœur.

COLOMBINE.

J'approuve d'Arlequin l'ardeur.

ARLEQUIN.

Chut! Nous ferons votre bonheur.

à COLOMBINE.

AIR : Uns lockt die Morgenröthe.
Mais un baifer d'avance
    Ne nuiroit point. *il s'approche d'elle.*

SCARAMOUCHE à MARGOT.

Oui, c'eft à quoi je penfe,
    Donne ton grouin. *il s'approche d'elle.*
               AR-

ARLEQUIN.

Les nœuds du mariage
En valent mieux
Lorſque le badinage
Etreint nos feux.

*COLOMBINE ſe retire en feſant des
minauderies.*

AIR: Als Amor in den gülden Zeiten.

Oui dà, je ne ſuis plus ſi promte
A donner des faveurs à compte,
Je ſais bien ce que l'aune en vaut.

*MARGOT ſe retire de même en minaudant
ARLEQUIN & SCARAMOUCHE
les pourſuivent.*

Non, non! point de franche lipée,
On m'a trop ſouvent attrapée:
Autrefois j'avois ce défaut,

FIN DU IV. ACTE.

ACTE

ACTE V.
SCÈNE I.

La scène s'ouvre par l'entrée de quelques tambours accompagnés de hautbois & de fiffres qui battent la diane des grenadiers. ARLEQUIN entre un moment après dans la salle en chaise à porteurs. On le porte ensuite sur les bras dans un fauteuil près d'une grande table couverte d'un ample tapis rouge.

UN CRIEUR PUBLIC, suivi de tambours, de fiffres & de hautbois.

AIR : Sur la Diane des grenadiers.

I.

Le soleil en sortant de l'eau
Va dorer la voute étérée,
Il peint le front de ce coteau
De sa chevelure asurée.
Amis ! amis ! accourez tous } *bis.*
Bourba va s'éloigner de nous }

II.

Ce vieillard va fixer sa cour
Dans son empire de la lune.

Il occupera ce séjour
Ce foir, fans réfiftance aucune.
Amis! amis! il monte aux cieux ⎫ *bis.*
Pour ne jamais revoir ces lieux ⎭

III.

Nous verrons régner en cette île
Le pupile de Mouftapha
Auquel on accorde Zirphile
Avec tout ce petit état.
Osman, Osman de Samorin ⎫ *bis.*
Aura le pouvoir fouverain. ⎭

IV.

On fait de grands préparatifs
Pour ce prodigieux voyage:
On a confulté les chérifs,
Leur décifion l'encourage.
Bourba, Bourba quitte ces lieux ⎫ *bis.*
Pour s'en aller régner aux cieux. ⎭

Il fortent pendant qu'ARLEQUIN entre.

SCÈNE II.

ARLEQUIN en chaife à porteurs.
Seul. AIR: Serin, der hochberühmte Mann.
Aih! Ouf, Que c'eft un fardeau lourd
Que d'être feigneur à la cour!

C'eft

C'eſt à peine que je reſpire.
Quelle charge qu'un grand empire!
MéME AIR.

Je peux dire avec vérité
Qu'un grand par le peuple vanté,
Quoique ſon rang ſoit reſpectable,
Dans ſa grandeur eſt miſérable.
MéME AIR.

Il eſt bien vrai qu'on a des gens
Humbles, alertes, obligeans
Dont la main, le pié, le langage
Toujours nous aide & nous ſoulage;
MéME AIR.

Quand le repos nous eſt ſi doux
Ces meſſieurs agiſſent pour nous.
Leur eſprit ſouvent au Mécène
De penſer épargne la peine.
MéME AIR.

Mais la repréſentatïon,
Souvent ſeule occupatïon,
Eſt toujours une grande gène
Et c'eſt là tout ce qui me peine.
AIR: *Es war ein Mädchen ohne Mängel.*

Pour voiler ma baſſe origine
Voici le tour que j'imagine.

Bien

Bien promettre, ne rien tenir,
Se parer d'un maintien honnète,
Ne payer ni rente, ni dette,
Tout commencer, ne rien finir.

MÊME AIR.

Cela donne un air d'importance
D'ailleurs j'ai fort belle prestance:
Nul ne me croira roturier
Quand je saurai sans arrogance
Payer un pauvre créancier
En lui fesant *) la revérence.

AIR: *Die Tugend ist kein leever Nahme.*

Pour n'imiter point la bourgeoisie
Je prendrai de ma troupe choisie
Quelqu'un qui mange à ma place,
Mais qui fera-ce?

MÊME AIR.

Mon intendant doit se mettre à table,
Manger pour moi d'un met délectable:
Je ne veux point dans un rang suprême
Manger moi-même.

AIR:

*) *Voyez le bourgeois gentilhomme que l'on paye de cette monnoie.* MOLIÈRE.

AIR: Heraus aus deiner Wolfes-Gruft.
Où font mes gens? je n'en vois point.
Holà! maître d'hotel.

SCÈNE III.

*ARLEQUIN, LE MOUFTI, LE TRU-
CHEMAN, LE MAÎTRE D'HO-
TEL, L'INTENDANT.*

LE MAÎTRE D'HOTEL.

Nous fommes ici tous préfens.

LE TRUCHEMAN.

Dès le premier appel - - - -

LE MAÎTRE D'HOTEL.

Mais, quels font vos ordres Seigneur?

ARLEQUIN.

Rien, rien, je voulois voir
Si vous témoignez de l'ardeur

LE TRUCHEMAN.

C'eft là notre devoir.

ARLEQUIN.

Mais je ne vois pas le moufti,
Non plus que l'intendant,
Ni l'interprête. Où fera t-il
Avec mon lieutenant?

H

TOUS

TOUS à LA FOIS.   MÊME AIR.

Seigneur, nous voici tous préfens,
   Voyez vos ferviteurs,
Qui de vos ordres importans
   Sont les exécuteurs.

ARLEQUIN.

Reftez toujours à mon côté,
   Ainfi le veut la loi :
Montrez à toute la cité
   Que vous êtes à moi.
Je ferai mes repas ici,

AU MAITRE D'HOTEL.

Vous mangerez pour moi.

AU TRUCHEMAN.

Et vous, buvez ce flacon-ci,
   Il eft bon, fur ma foi !

AIR : *Je ne fuis ni Roi ni Prince.*

Une foif exceffive preffe
Mon palais à boire fans ceffe.
Il eft indigne de mon rang
D'imiter la vile canaille
Qui fe repait journellement.

AU TRUCEEMAN.

Vuidez pour moi cette futaille.

ARLE-

ARLEQUIN se promène gravement autour de la table pendant que les autres mangent: il lit dans le cuisinier françois qu'il tient à rebours.

AIR: Sans le savoir.

Le tems de l'audience approche,
Il me faut tirer de ma poche
Le livre qui contient les loix;
Je crois que j'aurai cette fois
Des affaires de conféquence
Dont chacun attend le succès;
Je vas me préparer d'avance
    A mes procès.

AU MOUFTI.

AIR: Mon père je viens devant vous.

Déchiffrez-moi ce code-ci,
Car je fuis d'avis qu'un bon juge
Ne doit avoir d'autre fouici
Que d'obvier au fubterfuge.

LE MOUFTI lit.

SECRET QUI NOUS ENSEIGNE
    L'ART
DE CUIRE DES POIS VERDS AU
    LARD . . .

ARLEQUIN.

AIR : Or écoutez, petits & grands.

Mes procès font de plus grands poids
Que d'apprendre à cuire des pois.
Allez.　Que la table demeure,
Qu'on vienne l'ôter dans une heure,
En attendant j'aviferai
Aux procès que je vuiderai.
Les officiers d'ARLEQUIN fortent.

SCÈNE IV.

ARLEQUIN feul.

AIR : Hvad vil der blive af?

Avant que de vuider
Un procès difficile,
Je vas un peu fiffler,
Cela m'eft plus utile.　*Il boit à longs traits*
Pour ménager ma gloire,
Je boirai fans temoins ;
Car pour manger & boire
Je n'en vaudrai pas moins.

*ARLEQUIN aiant bu & mangé avidement
　　& rempli fes poches de toutes fortes de
　　mangeailles fèches & liquides, on vient
　　enlever la table.*

SCE-

SCENE V.

ARLEQUIN, UNE VIEILLE FEMME.
LA VIEILLE FEMME.

AIR : Mama me dit à chaque instant.
à part.

On m'a dit charitablement
Qu'il me falloit adroitement
A cet homme graisser la patte.
Or voici du lard excellent,
Puisqu'il désire qu'on l'en flatte,
Je vas le graisser à l'instant.

Elle graisse ARLEQUIN partout le corps,
il s'essuie avec ses queues de bacha.

AIR : Iris cette nuit en dormant.

Je viens vous prier humblement
D'écouter favorablement
Ma respectueuse requéte,
J'ai pris un époux impotent,
Et je me suis mis dans la tête
D'avoir un jeune adolescent.

ARLEQUIN.

AIR : Min Huule er mig kiært.

C'est avec des ducats
Que je veux qu'on me graisse

H 3

Vas

Vas-t-en, vieille diableffe,
Retourne fur tes pas.
Ce procédé me bleffe;
Si j'avois une leffe
D'abord mon capigi
Finiroit ta vieilleffe
Par ordre du Cadi.   *La vieille fort.*

SCÈNE VI.

ARLEQUIN, UN PAYSAN.

AIR : Sie fliebet fort! Es ift um mich ge-
fchehen.

LE PAYSAN.

Mon voifin dit que j'ai volé fa vache,
Un licou neuf, ainfi qu'un jeune veau;
Tel qu'il en fut aux noces de Gamache:
Je viens accufer ce lourdaud.

MÉME AIR.

Il eft bien vrai qu'aiant vu cette bête,
Seule en campagne avec un veau fort gras,
Je lui jetai fon licou fur la tête
     Et je l'amenai de ce pas.

MÉME AIR.

Je voudrois bien, pour me tirer d'affaire,
Pouvoir trouver quelque fecret nouveau
                              J'aurois

J'aurois la vache, & pour juste salaire
    Je vous amènerois le veau.
ARLEQUIN. MÊME AIR:
C'est fort bien dit. Tu gâgneras ta cause,
Fais l'imbécile en tournant ton chapeau.
Dès qu'on verra cette métamorphose
    Tu seras absous aussi-tôt.

SCÈNE VII.

ARLEQUIN, LE PREMIER PAYSAN,
UN AUTRE PAYSAN.
LE II. PAYSAN.

AIR: Ihr miszvergnügten Stundeu.
Je viens en ta présence
Accuser ce voleur,
Lequel sans confience,
En dépit de l'honneur,
Ma derobé ma vache
Avec un veau fort gras.
ARLEQUIN. au I. PAYSAN.
Cà, lave cette tache
Quoi! Tu ne parle pas.
LE I. PAYSAN tourne son chapeau en
    sifflant.

                    AR.

ARLEQUIN aü II. PAYSAN.
MÊME AIR :
Mais que prétens-tu faire ?
Il a perdu l'efprit.

LE II. PAYSAN.
Croyez qu'en cette affaire
Il fait bien ce qu'on dit.

LE I. PAYSAN coutinue à tourner fon chapeau au fifflant comme un fou.

ARLEQUIN.
Il eft, certe! en démence,
Par conféquent abfous.

LE II. PAYSAN.
Les plus fins font, je penfe,
Trompés par de tels foux.

SCÈNE VIII.

ARLEQUIN, LE I. PAYSAN.

AIR : Ein Küfzchen das mir ein Kind fchenket.

ARLEQUIN.
Puifque je t'ai tiré d'affaire
Vas vite me chercher le veau.

LE

*LE PAYSAN continue à contre-faire le
fou & à tourner son chapeau.*

ARLEQUIN.

Pour quoi maintenant contre-faire
Inutilement le badaud?

*LE PAYSAN continuant à contre-faire
le fou.*

MÊME AIR.

Je ne vole que pour moi-même,
Je suis imbécile pour tous.
Absous au tribunal suprême,
Je ne crains ni l'autre, ni vous.   *IL SORT.*

SCÈNE IX.

ARLEQUIN, LISETTE.

AIR : Colette à toujours refusé.

LISETTE.

Je viens reclamer un mari
　　Inconstant & volage
Par le quel mon cœur fut trahi
　　Dans ce défert fauvage,
Seigneur, devenez mon appui
Et deffendez-moi contre lui.

Dieu

Dieu punira,
Dieu vangera
Cet attentat, ce trait-là.

ARLEQUIN.

AIR : Dans ma cabane obscure.

Dites-moi comment on le nomme
Et je chercherai dans la loi
Comment il faut punir cet homme.

LISETTE.

Seigneur, c'est un homme sans foi
Un faussaire sans consience
Un gueux, un gourmand, un goujat
Qui frisa cent fois la potence,
En un mot c'est un sélérat.

ARLEQUIN.

AIR : Maman me disoit l'autre jour.

Je ne veux savoir que son nom.

LISETTE.

Si je fais sa peinture
C'est pour vous dépeindre un démon
Sous l'humaine figure.
Je vous nommerai ce faquin,
     C'est Arlequin :!:
Je vas le dire à qui voudra,
     On le saura :!:

AR-

ARLEQUIN à part.

AIR: Que je baise ta main.

C'est ma femme, ma foi,
Qui vient se plaindre à moi.

HAUT.

Je vous plains dans mon ame,
Prenez, ma bonne femme,
 Ce paquet de ducats.

LISETTE l'aiant ouvert.   *à part.*

C'est une saucisse
Que le jocrisse
Me donne dans ce chiffon.   *haut.*
Gardez votre saucisson
J'en ai ma provision.

ARLEQUIN.

Vas, tu radotte,
Vas, vieille sotte,
Un homme qui fait la loi
N'a point de boudin sur soi,
 Vas, saloppe,
 Sors, galoppe,
Ne parois plus devant moi.   *il la chasse, elle*
     lui jette la saucisse au né.

SCÈNE X.
ARLEQUIN, PÉRINE.

AR-

ARLEQUIN à part.

AIR: J'ai choisi le couvent.

Encor un diablotin!
Périne qui s'avance
Avec sa doléance
Est un autre lutin.

PE'RINE.

Je parois devant vous,
Pour demander justice
De l'indigne artifice
De mon perfide époux.
Un certain Arlequin,
Vrai gibier de potence,
Homme sans consience,
A gâté mon mari
Qui s'est sauvé de nuit.

ARLEQUIN.

AIR: Quand le péril est agréable.

Je ne trouve rien dans mon livre
Pour ravoir les maris perdus,
Si vos membres ne sont perclus,
Vous ferez fort bien de le suivre:
Or voilà toute la sience
Qu'il faut avoir à cet égard.

Il me faut finir l'audience;
Portez vos plaintes autre part. *il la con-*
duit dehors.

SCÈNE XI.

ARLEQUIN seul.

AIR: Joconde.

Oh! que c'est un génant emploi
Que la jurisprudence!
Et qu'il faut qu'un homme de loi
Ait de la patience!
Foin de ces postes importans!
Il n'est que d'être libre.
On ne sauroit tenir les gens
Dans un juste équilibre.

SCÈNE XII.

ARLEQUIN, BRISEFER.

AIR: Je reviendrai demain au soir.

BRISEFER.

J'ai combattu dans le Mogol,
Et sur le protocol. *bis.*
Je suis écrit comme sergent
Dans notre régiment. *bis.*

Seig.

Seigneur, je n'ai d'autre souci
   Que de rester ici. *bis.*
J'enseignai jadis le françois
   Avec très grand succès. *bis.*

ARLEQUIN.

AIR : Mon père, je viens devant vous.

Je vous remets le jeune Osman
Je vous accorde sa pratique,
Mais enseignez-lui promptement
Le françois & l'aritmétique.
Avec un peu de latin
Le blason & le dessein.

BRISEFER.

AIR : Maudit amour ! Raison sévère !

Pour réussir dans la pratique
Il me faut donner de bon vin.
Il en faut pour la rétorique
De même que pour le dessein.

MÊME AIR.

Ces siences étant fort sèches
Sans boire on ne termine rien,
Dut-on, comme des pigrièches
Criâiller du soir au matin.

AIR : Huad vil der blive af?

Chacun se trouve bien
De suivre ma manière.

Pour

Pour ne négliger rien,
Ma coutume ordinaire
Eſt d'avoir par écrit,
Sur un plan métodique
Que je me ſuis preſcrit,
Grammaire & rétorique. *il ſort.*

SCÈNE XIII.

ARLEQUIN ſeul.

AIR: Quand le péril eſt agréable.

Sous cette ſavante ſoutane,
Et malgré toute ma grandeur
Je vois fort bien, ſauf mon honneur,
   Que je ne ſuis qu'un âne.
Je ſuis las de tant de parade
Cet éclat n'a rien de réel,
Je préfère à la maſcarade
   Mon état naturel.

Il jette ſes trois queues ; ſon caffetan de Bacha & ſon CUISINIER FRANÇOIS ne voulant plus s'appliquer à la juriſprudence.

SCÈNE XIV.

ARLEQUIN, PIERROT.

I

PIER-

PIERROT.

AIR : Sans le savoir.

Comme le monde se dérange
Et que tout ici bas se change,
Le Samorin vient d'abdiquer
On va d'abord nous embarquer.
Après une si longue absence
Nous obtenons du Samorin
De nous en retourner en France
        Dès ce matin. *il sort.*

SCÈNE XV.

ARLEQUIN seul. MÊME AIR.

Il me semble voir une femme,
Que me voudroit cette bonne ame!
Il faut par curiosité
L'attendre encor & l'écouter :
Puis dans le moment je déloge
Et vas joindre mes compagnons.
Comme on va faire mon éloge
        Dans ces cantons!

SCÈNE XVI.

*LISETTE, COLOMBINE, MARGOT,
SCARAMOUCHE.*

AIR :

AIR: Mon père je viens devant vous.
LISETTE tirant COLOMBINE.

Venez chez Monfieur le Cadi,
Venez, venez fans réfiftance,
Me reftituer mon mari,

COLOMBINE.

Mais il m'a dit en confience
Qu'il eft apréfent
Sans aucun engagement.

LISETTE à ARLEQUIN.
MÊME AIR.

Seigneur, je parois devant vous - - - -
à part. Mais que vois-je? Arlequin lui-même!
baut. C'eft donc ainfi, perfide époux,
Que par une bâffeffe extrême - - - -

ARLEQUIN à part.

C'eft elle, ma foi:
C'eft ma femme que je voi.

LISETTE.

AIR: Maudit amour! &c.
Il te faut des tendrons, infâme,

ARLEQUIN.

Mais, oui, c'eft pour paffer le tems.

SCARAMOUCHE à MARGOT.
Dépèche-toi d'être ma femme,
Peur de semblables contre-tems.

COLOMBINE à ARLEQUIN.
MêME AIR.
Tu me trompois donc ainsi, traître!
Ce n'étoit que pour m'abuser. - - - -

SCARAMOUCHE.
Oh! cela pourroit fort bien être.

ARLEQUIN.
C'étòit un peu pour m'amuser.

SCÈNE XVII.

PÉRINE, les précédens.
PÉRINE, à part.
AIR: Maman me dit. &c.
Je l'ai vu passer en ces lieux
Si je puis en croire à mes yeux.
haut. Ah! je te revois, Scaramouche!   *elle*
Tu m'es donc à la fin rendu: *l'embrasse.*
Hèlas, je te croyois pendu!

SCARAMOUCHE l'embrassant.
Quelle tendresse! Elle me touche.

PÉRINE.   MêME AIR.
Margot, je viens de voir ici
Quelqu'un qui se dit ton mari,   *AR*

ARLEQUIN.

Sans doute que c'est Scaranelle,
Mes enfans, raccommodons-nous.
Sortez, je suis d'abord à vous,
J'entens Moustapha qui m'appelle.

SCÉNE XVIII.

ARLEQUIN, MOUSTAPHA.

MOUSTAPHA.

AIR: Iris cette nuit &c.

Lisez ce papier que voilà,
Vous verrez, illustre Bacha,
Que mon frère vous congédie.
Il abdique en faveur d'Osman:
Par là finit la comédie
De votre beau gouvernement.

Il le pousse dehors.

SCÈNE XIX. ET DERNIÈRE.

LE SAMORIN, MOUSTAPHA, OS-MAN, ZIRPHILE, PIERROT, LE MOUFTI.

LE MOUFTI au SAMORIN.

I 3

AIR.

AIR : Vi slaae ævig af vor Sind.
C'eſt de propos délibéré
Que vous quittez votre île,
Et qu'Osman épouſe Zirphile?

LE SAMORIN.

Oui, c'eſt ma volonté.

MOUSTAPHA à part.

M'y voilà donc enfin,
Au but que je deſire.

LE MOUFTI à OSMAN & à ZIR-
PHILE.

Cà donnez-vous la main.

MOUSTAPHA à part.

Je revis, je reſpire.

OSMAN & ZIRPHILE.

Nous vous la donnons de bon cœur.

LE MOUFTI tenant leurs mains dans
les ſiennes.

Soyez heureux par votre ardeur.

à MOUSTAPHA & à PIERROT.

Et vous, mes amis, préſens
    A de ſi ſacrés ſermens,
De tout ce qui ſe fait je vous prens à témoin
    Et que j'unis leur deſtin
        Par cet himen.

LE

LE SAMORIN.

AIR : Vor allem was ich weiß.

Puisque je ne saurois gâgner
La lune, où je devois régner,
Vous saurez en deux mots
Que je crois à propos
De finir en repos
La trame de mes tristes jours
Dont les soins abrègent le cours.
Mais renvoyons chez eux
Ces pauvres malheureux
Exilès dans ces lieux.

TOUS AIR : Retfærdige Regent.
Appelons en ces lieux
La paix & l'abondance,
L'amour, les ris, les jeux,
La joie & l'opulence :
Bannissons la tristesse
De ces bois enchantés,
Par des cris d'allegresse
Mille fois répétés.

FIN.

ERRATA.

Les *fautes principales à corriger dans cet ouvrage* sont, *de l'aveu même de l'auteur, les suivantes;* savoir, I. le plan de l'ouvrage, II. la narration, III. la diction, IV. le stile, & V. l'exécution: *quant aux autres, le lecteur aura la bonté de les corriger.* Cette pièce pourroit être suivie de quelques autres, qui seroient, peut-être, moins mauvaises; mais *veritas odium parit.*

PIERROT CADMUS.

OPERA COMIQUE

Par M. CAROLET;

Repréſenté pour la premiere fois ſur le Théâtre de l'Opéra Comique du Faubourg ſaint Laurent, le Samedi 31 Août 1737.

Le Prix eſt de 12 ſols.

A PARIS,

Chez {
La Veuve VALLEYRE, rue de la Huchette, à la Ville de Riom.
GANDOUIN l'aîné, Quay des Auguſtins, à la Bible d'Or.
La Veuve VALLEYRE, Quay des Auguſtins, à l'Image S. Bruno.

M. DCC. XXXVII.

AVEC PERMISSION.

ACTEURS DE LA PARODIE.

CADMUS.
DEUX PRINCES TYRIENS.
HERMIONE.
ARBAS, ... *Confident de Cadmus.*
Le Géant DRACO, Roy d'Aonie.
La Nourice d'Hermione.
CHARITE, ... *Suivante d'Her-*
mione.
JUNON.
PALLAS.
L'AMOUR.
MARS.
Deux Porteurs d'eau.
LE GRAND THOMAS.
GEANS. ⎱
AFFRICAINS. ⎰ Danseurs.
Décroteurs de la suite du Grand-
Thomas.

La Scène est chez le Géant Draco.

PIERROT CADMUS.

Le Théâtre repréſente un Jardin.

SCENE PREMIERE.

CADMUS : DEUX PRINCES TYRIENS.

LE PREMIER PRINCE.

Air, *Suis-je dans l'âge de raiſon ?*

QUOI d'un grand Roi l'enfant gâté
Cadmus ne ſe ſent point tenté .
De revoir ſa chere patrie !
Votre pere nous croit péris ;
Quoi ! ſe peut-il que du pays
Vous n'ayez point la maladie ?

CADMUS.

Air, *Non, je ne ferai pas, &c.*

J'aimerois à revoir les lieux de ma naiſſance ;
Mais je dois achever une juſte vengeance :

A ij

LE DEUXIE'ME PRINCE.

Voilà tout Dom Quichotte, il n'étoit pas plus
fou.

CADMUS.

Je dois chercher ma sœur qui court le guilledou.

AIR, *Quand le péril est agréable.*

Pour trouver cette garçonniere
J'ai parcouru plus d'un endroit ;
Si je la trouve, elle ira droit
A la Salpétriere.

AIR, *Un petit moment plus tard.*

Mais c'est en vain que j'ai couru
Et la terre & l'onde :
Son ravisseur a disparu ;
O douleur profonde !
Pour Cadmus quel creve-cœur !
Un coup pareil me tue,
En vain je cherche ma sœur,
Elle est perdue.

AIR, *De l'allumette.*

Pauvre Cadmus, cet affront-là
A terni ton nom & ta gloire,
On te déchire à l'Opera,
Et l'on te critique à la Foire,

AIR, *Lanturlu.*

Mais le ciel termine
Ma course en ces lieux ;
Et si je m'obstine . . . . .

PIERROT CADMUS.

LE PREMIER PRINCE.

Je vois dans vos yeux
Que l'amour machine
Quelque galant impromptu ;
Lanturlu, lanturlu, lanturlu.

LE DEUXIE'ME PRINCE.

AIR, *N'y a pas de mal à ça.*

Seroit-il possible ?
Qu'est-ce qu'on dira !

LE PREMIER PRINCE.

De Cadmus sensible
L'univers rira.

CADMUS.

N'y a pas de mal à ça.   *bis.*

AIR, *Simone, ma Simone.*

Je voudrois bien vous y voir ;
Tout céde au pouvoir
Du petit Dieu des amours,
Mignonne, ma mignonne ;
Je vous aimerai toujours,
Ma charmante Hermione.

AIR, *Tes beaux yeux, ma Nicole.*

Le Dieu Mars est son pere,
Elle en a la fierté,
Venus en est la mere,
C'est toute sa beauté :
Elle a son teint de rose,
Sa bouche, *& cetera.*

A iij

Elle a bien autre chofe
Qui furpaffe cela.

LE DEUXIE'ME PRINCE.

AIR, *Boulanger de Goneffe.*

Aimer fans efpérance,
C'eft aimer follement ;
Elle eft fous la puiffance
D'un vigoureux Géant :
Ce n'eft pas pour vous
Que le four chauffe ,
Ce n'eft pas pour vous ;
Retirons-nous.

AIR, *De Joconde.*

Mars eft pere de ce Géant ;
Et Mars le favorife ;
A ce Coloffe déplaifant
Hermione eft promife ;
La prendre pour femme eft fon but.

CADMUS.

Cela ne fe peut faire ,
Voudrois-tu qu'Hermione fût
La femme de fon frere.

LE PREMIER PRINCE.

AIR, *L'autre nuit j'apperçûs en fonge.*

Il n'a pas l'ame délicate
Sur les degrés de parenté ;
Il eft fort, il eft entêté ,
Et fi vous tombez fous fa patte ;
D'impoitance il vous traitera.

PIERROT CADMUS. 7

CADMUS. *Fiérement.*

S'il faut périr, on périra.

AIR, *Comme un coucou.*

Hermione vaut bien la peine
Qu'on meure en cette occasion ;
Mais par une danse affriquaine
Commençons l'opération.

SCENE II.

CADMUS : ARBAS ;
LES DEUX PRINCES.

CADMUS.

AIR, *Que j'estime, mon cher voisin.*
Arbas, aurons-nous un Ballet ?

ARBAS.

On recorde les danses ;
Mais le chien de Géant me met
Dans des mortelles transes.

AIR, *Des Capucins.*

Il veut que ses Géans figurent ;
En vain nos Danseurs en murmurent.

CADMUS.

Ce contraste seroit affreux :

ARBAS.

Il le veut ;

CADMUS.

On ne le peut faire.

ARBAS.

Oh ! quand il a dit, je le veux,
C'eſt un Acte devant Notaire.

A ir , *Je ne veux point troubler votre*
ignorance.

Ah ! contre lui que j'ai vomi d'injures ?

CADMUS.

Je te croyois plus d'éducation :
C'eſt un Roy.

ARBAS.

   Bon , en gardant des meſures
Je ſerois mort d'une réplétion.

CADMUS.

A ir , *L'amour me fait , &c.*

  Uſons de complaiſance ,
  Ménageons le Géant ;
  Ses gens aiment la danſe ,
Qu'ils danſent , mon enfant,
Nous ne ſommes point chez nous,
  Cher Arbas , filons doux.

ARBAS.

A ir , *Bouchez , Naïades , vos fontaines.*

Seigneur , vous avez l'ame bonne.

PIERROT CADMUS.

CADMUS.

N'est-il pas maître d'Hermione ?

ARBAS.

Au lieu de voir faire des saults ,
Au Géant j'irois faire tête.

CADMUS.

Si je cesse d'être héros ,
C'est pour amener une fête.

AIR , *De la besogne.*

Au nez du Géant amoureux ,
Hermione apprendra mes feux
Par une danse pantomime ;
J'aime la Princesse sans crime.

AIR , *Vive Michel Nostradamus*

Sortons, la Princesse s'avance.

ARBAS.

Restez , voilà l'occasion
De montrer votre passion.

CADMUS. *Sortant.*

Préparons tout en diligence.

ARBAS.

Sa maîtresse vient, il s'en va ,
Voyez comme il l'attrapera.

SCENE III.

ARBAS. *Seul.*

AIR, *Du cahin caha.*

Dans sa jeunesse
Cadmus étoit bouffon ,
Amusant. , poliçon ,
Un peu même histrion ,
Il étoit sans façon ,
Quoique plein de noblesse :
Aujourd'hui ce n'est plus cela ,
Ce Héros étique ,
Froid , mélancolique ,
N'a plus l'air comique ,
Suivant la critique
Cadmus ira , } *bis.*
Cahin caha.

SCENE IV.

HERMIONE : SA NOURICE,
HERMIONE.

AIR , *A l'ombre de ce vert bocage.*

A l'ombre de ce vert bocage
On brave les coups de Soleil ;
Les oiseaux par leur doux ramage
Sçavent inviter au sommeil ;
Mais hélas ! par tout l'amour perce ,

Et dans cet azyle enchanté,
Ce petit Dieu malin renverse
Et ma cervelle, & ma fierté.

AIR, *Ne m'entendez-vous pas.*

Vous qui suivez mes pas,
Par une chansonnette,
De mon ame inquiette
Soulagez l'embarras ;
Ne m'entendez-vous pas ?

LA NOURICE.

AIR, *Ma fille, je vous aime bien.*

Ma fille, je vous entends bien,   *bis.*
Vous aimez, mais n'espérez rien,
Le Géant n'entend point raison ;
Et dans ces lieux il prend garde
A votre cotillon.   *bis.*

HERMIONE.

AIR, *Je ne sçaurois.*

Ce discours me désespére,
Mon cœur en frémit d'effroi.

LA NOURICE.

C'est un terrible compere,
Epousez-le, croyez-moi.

HERMIONE.

Je ne sçaurois,
Y penses-tu bien, ma chere,
J'en mourrois.

AIR, *Belle brune.*

Ah ! Nourice,
Ah ! Nourice,
Si je n'époufe Cadmus,
Je mourrai de la jauniffe,
Ah ! Nourice.   *bis.*

LA NOURICE.

AIR, *De quoi vous plaignez-vous ?*

Oui, nous vous plaignons tous,
Car nous vous trouvons à plaindre ;
Oui, nous vous plaignons tous,
Mais, que peut-on pour vous ?
Le Géant eft trop à craindre,
Il vous aime, il eft jaloux,
Vous êtes bien à plaindre,
Et nous vous plaignons tous.

HERMIONE.

AIR, *De ma mie Margot.*

Un Affriquain, deux Affriquains, trois Affri-
          quains enfemble
Arrivent en ces lieux,
Mais les Géans font avec eux,
Quelle fête ! j'en tremble.

SCENE

SCENE V.

LES AFFRIQUAINS : LES GÉANS : HERMIONE : CADMUS : LA NOURICE : LE GÉANT DRACO : ARBAS.

ARBAS.

AIR, *Voici du bon bon, compere Simon.*

> Suivons Cupidon,
> Non, rien n'est si bon,
> Suivons Cupidon
> Sans cesse : . . . . . . *fin.*

CHOEUR.

> Suivons Cupidon. . . . . *au mot fin.*

ARBAS.

> L'aimable mignon,
> Qu'à chanter son nom
> Tout en ce canton
> S'empresse.

CHOEUR.

> Suivons Cupidon. . . . . *au mot fin.*

Les Géans & les Affriquains dansent en-
semble : après la Danse Hermione se leve ;
& comme elle va sortir, le Géant Draco
l'arrête.   B

14 PIERROT CADMUS.
LE GEANT DRACO.

AIR, *Oricandaine.*

C'est assez danser, sachons donc,
Oricandaine, oricandon,
„ Quand vous m'aimerez, mon trognon,
„ Où courez-vous ? quelle façon !

HERMIONE.

„ J'ai vû danser un cotillon,
„ Et je me retire

LE GEANT.

Oh ! que non :

Ricandaine,

HERMIONE.

„ Moi je suis sœur de Cupidon,
„ Ce Dieu ne trouveroit pas bon. . . . ;

LE GEANT.

„ Bientôt vous entendrez raison ;
Car
Je vous observerai,
Oricandaine ;
Je vous tourmenterai,
Oricandé.

Hermione se sauve, le Géant la suit,
& les Danseurs sortent.

SCENE VI.

CADMUS. ARBAS.

CADMUS.

AIR, *Je suis un précepteur d'amour.*
Je crois qu'il est tems d'éclater,
Que dis-tu de ma patience ?

ARBAS.

Je l'admire.

CADMUS.

Allons tout tenter.

ARBAS.

Nous rifquons plus que l'on ne penfe.

AIR, *Des triolets.*

Nous avons le Dragon de Mars,
Qui ne nous refpectera guére.

CADMUS.

J'affronterai tous les hazards !

ARBAS.

Nous avons le Dragon de Mars !
Il faut que fes chicots épars
Produifent des hommes de guerre ;
Ma foi , nous ferons bien camards ,
En les voyant fortir de terre.

CADMUS.

AIR , *Qu'importe.*

Je vois Hermione fouffrir ,
Ne dois-je pas la fecourir ?
Si le Dragon nous engloutit ,
Qu'importe , qu'importe.

ARBAS.

Comme je fçais fon appétit
Moi , je gagne la porte.

. . . . . . *Arbas fort.*

B ij

CADMUS.

AIR, *Vas-y, vas-y.*

Quand je vois la pauvre Hermione,
Qu'un Géant sans cesse talonne,
    Dois-je faire le sot ici ?
    Nenny, Nenny.
Rien ne m'épouvante, courage ;
L'amour me dit en son langage,
    Vas-y, vas-y.

SCENE VII.

CADMUS : JUNON : PALLAS.

JUNON. *à Cadmus.*

AIR, *Marie Salisson est en colere.*

Où portes-tu tes pas, téméraire ?

CADMUS.

Oh, Oh tourelouribeau !

JUNON.

De Mars reconnois la mere :

CADMUS.

Oh, Oh tourelouribeau !

JUNON.

Tu vas faire de l'eau claire.

PALLAS. *raillant.*

Oh , oh , oh tourelouribeau !

Air , *Sens deſſus deſſous.*

Laiſſe la dire , ne crains pas ,
Je ſuis la guerriere Pallas ;
Puiſqu'Hermione a ſçu te plaire ,
Sens deſſus deſſous , ſens devant derriere ,
Va t'expoſer pour elle aux coups ,
Sens devant derriere , ſens deſſus deſſous.

JUNON. *à Pallas ironiquement.*

Air , *Eſtes-vous de Gentilly ?*

Vous lui prêtez votre appui ?

PALLAS.

Vraiment , ma commere oui.

JUNON.

Quoi , Pallas ! le dois-je croire ?

PALLAS.

Vraiment , ma commere ouaire ,
Vraiment , ma commere oui.

JUNON.

Air , *Ma mere étoit bien obligeante.*

Pallas eſt des plus obligeante ,
Venus ne le ſeroit pas plus ,
La ſageſſe eſt accommodante ;

PALLAS.

Je sçais comme pense Cadmus ;

JUNON.

Pallas est des plus obligeante,
Venus ne le seroit pas plus.

PALLAS. *à Cadmus.*

Air, *Ma mere, mariez-moi.*

Profite de mes leçons.

JUNON.

Suis mes conseils, ils sont bons.

PALLAS.

Va.

JUNON.

N'en fais rien, reste.

PALLAS.

Non.

CADMUS.

Accordez-vous donc, accordez-vous donc ;
L'amour m'appelle, au revoir,
Je vous donne le bon soir.

*Il sort, & les Déesses s'en vont chacune
de leur côté.*

SCENE VIII.

CHARITE: ARBAS.

ARBAS.

AIR, *Lampons.*

Charite, c'en est donc fait, *bis.*
Cadmus a fait son paquet, *bis.*
Au Géant qu'il a fait rire,
Face à face il vient de dire,
Non, non, non, non,
Je ne crains point ton Dragon.

AIR, *Je veux garder ma liberté.*

Il veut rendre la liberté
A sa chere Hermione,
De la belle il est enchanté;
Et par malheur, friponne,
Il faut qu'en ce jour,
A son fol amour
J'immole ma personne.

AIR, *Sans dire mot.*

Quoi! lorsque je te dis adieu,
Après un si charmant aveu
Tu restes droite comme un pieu;
Sans dire mot,
Sans sonner mot!

CHARITE.

La tristesse me touche peu,
Pars au galop.

ARBAS.

Air, *Il a le secret d'ennuyer.*

Un amant plein de tendreſſe,
N'a-t'il rien qui t'intéreſſe ?

CHARITE.

Il a le ſecret d'ennuyer ;
Mais auſſi-tôt qu'il ſoûpire,
Et qu'il vient à larmoyer,
Il a celui de faire rire.

ARBAS.

Air, *Le fameux Diogène.*

En m'écoutant tu bailles,
En me parlant tu railles.

CHARITE.

Je te trouve charmant,
Tes grimaces m'amuſent.

ARBAS.

A pleurer mes yeux s'uſent ;
Tu ris de mon toûrment.

Air, *Robin turelure luré.*

Je brûle, ne veux-tu pas
Guérir le mal que j'endure ?

CHARITE.

Je n'ai point, mon cher Arbas,
Turelure,
D'onguent pour cette brûlure,
Robin turelure lure.

ARBAS.

Aɪʀ, *Voici les Dragons qui viennent.*

Mais j'apperçois la Nourice,
Vîte sauvons-nous.

CHARITE.

Pourquoi la fuir ? quel caprice !

ARBAS.

Cette vieille est un vrai Suisse.

LA NOURICE. *l'arrêtant.*

Mon fils, tout doux. *bis.*

SCENE IX.

LA NOURICE : CHARITE. ARBAS.

LA NOURICE.

Aɪʀ, *Des fraises.*

Vous m'évitez, beau vainqueur.

ARBAS. *à part.*

Que le diable t'emporte ;
haut. J'ai besoin de ma vigueur,
N'amolissez point mon cœur.

LA NOURICE.

Qu'importe, qu'importe, qu'importe.

Air , *Malheureuſe journée.*

Ton cœur eſt bien barbare ,
Mais je le réduirai.

ARBAS.

Cadmus m'attend.

LA NOURICE.

Tarare.

ARBAS.

Oh ! je décamperai.

LA NOURICE.

Si j'avois de Charite
Le petit air coquet ,
Loin de ſortir ſi vîte ,
Tu n'aurois jamais fait.

Air , *En vérité , ſévére Margoton.*

Tu lui parlois avec émotion ,
Que ne ſçais-tu me parler ſur ce ton ?
Ah ! je vois bien , mon tonton , mon chaton ,
Que ſur ton cœur je ne dois rien prétendre :
Je me meurs.

ARBAS.

Un adieu ſec & prompt
Eſt le ton qu'avec vous il faut prendre.
Il ſe ſauve.

SCENE X.

LA NOURICE : CHARITE.

LA NOURICE.

AIR , *Des vieillards de Théfée.*

Pour le peu de beauté qui me reſte ,
 Rien n'eſt ſi funeſte
 Que ce mépris :
On peut bien à mes charmes
Rendre encor les armes :
Je ſçais conduire un ſoûris ,
 J'ai de la ſoupleſſe ,
 De la gentilleſſe ,
 Et de mes attraits ,
 La verte jeuneſſe
 Reſſent les traits.

CHARITE.

AIR , *Nanette , dormez-vous?*

 Nourice , croyez-moi , *bis.*
Ce dépit eſt de trop.

LA NOURICE.

  Vraiment c'eſt bien à toi
A me prêcher ici ; je fais ce que je doi.

AIR , *Il faut l'envoyer à l'école.*

 Il te ſie bien , jeune Embrion ,
 De faire ici la raiſonneuſe ;

La morveuse !
Elle me fait compassion.

CHARITE.

A mon âge on doit être folle ,
Mais vous , dont le poil est grison ,
Devroit-on
Vous dire d'aller à l'école ?

LA NOURICE.

AIR , *Du Pere Barnabas.*

Je n'y sçaurois tenir ,
Trop impudente fille ,
Oses-tu me honnir ?
De courroux je pétille.

CHARITE.

Grand-mere de famille ,
Tu vieillis à grand pas ,
Il te faut la béquille
Du Pere Barnabas.

AIR , *Pour la Baronne.*

Sortons , la mere ,
La Princesse vient en ces lieux ,
Cadmus la suit , ils vont se faire
Des complimens & des adieux ,
Sortons , la mere.
Elles sortent.

SCENE

SCENE XI.

CADMUS : HERMIONE.

CADMUS.

AIR, *Charmante Gabrielle.*

Je vais, belle Hermione,
Partir dans un moment,
Ce que l'amour ordonne
N'effraie nullément ;
Cruelle départie !
Malheureux jour !
Que ne suis-je sans vie,
Ou sans amour !

AIR, *Ah ! Fanchon, je vous vois, je
vous aime.*

Vous voir, vous dire que je vous aime,
C'en est assez pour mourir content.

HERMIONE.

Ah ! Cadmus, si vous m'aimez tant,
Pourquoi courez-vous où la mort vous attend à

CADMUS.

Vous voir, vous dire que je vous aime,
C'en est assez pour mourir content.

HERMIONE.

AIR, *Du Prevôt des Marchands.*

Vivez, mon cher, si vous m'aimez ;

Le grand deffein que vous formez
Ne feconde point mon envie ;
Car n'en doutez pas , beau Cadmus,
Si vous alliez perdre la vie ,
Ma foi , nous ne nous verrions plus.

CADMUS.

AIR , *Des Pélerins de Saint Jacques.*

Quand je penfe au Géant, je tremble ,
    Hélas ! grands Dieux ,
Mars prétend vous unir enfemble.

HERMIONE.

    J'aime encor mieux
Souffrir . . . . vivez , ou je mourrois,

CADMUS.

    Quoi ! ce Coloffe
Vous obtiendroit ? & je ferois
    Le garçon de fa nôce.

HERMIONE.

AIR , *N'oubliez pas votre houlette , &c.*

Soyez fenfible à mes allarmes,
    Mes larmes
  Difent affez que non ;
Ne partez pas , mon cher mignon ,
Contre-mandez tous vos Gendarmes,
Soyez fenfible à mes allarmes ,
    Mes larmes
  Difent affez que non.

CADMUS.

Air „ *Jupin de grand matin.*

Je veux vous fecourir.

HERMIONE.

Vous allez périr,
Où voulez-vous courir ?

CADMUS.

Quel plaifir !
Quand on peut mourir,
En voulant fervir
L'objet de fon defir
Plus-leger qu'un zéphir
Je vais partir.

HERMIONE.

Vous pourriez en pâtir,
Le repentir
Sçaura tout à loifir
Vous en punir.

CADMUS.

Un héros doit-il frémir
Et pâlir ?

HERMIONE.

Que vais-je devenir ?
Quoi ! ce foûpir
Ne peut vous retenir
Et vous fléchir ?

CADMUS.

Vous voulez m'attendrir ,
Mais je ne dois point vous obéir.

AIR, *Oh ! que nenni.*

Vous m'allez revoir ici.

HERMIONE.

L'amour m'assûre du contraire,
Ce Dieu ne me trompe guere.

CADMUS.

Oh ! que si.
L'amour me dit à l'oreille,
Que je vais faire merveille.

HERMIONE.

Oh ! que nenni.

ENSEMBLE.

AIR, *Quel caprice !*

HERMIONE.	**CADMUS.**
Quel supplice !	Bon, bon, bon, bon, bon, bon,
Quelle injustice !	Ma chere, ne craignez pas,
Quel précipice	
S'ouvre sous tes pas !	Comptez sur mon bras,
Quel supplice !	Bon, bon, bon, bon, bon, bon,
Quelle injustice !	Je sçais braver le trépas.
Quel précipice !	
Ne le crains-tu pas ?	
Qu'un tendre amour cause de mal !	Qu'un tendre amour cause de mal !
Cadmus, le Dragon est brutal,	Il faut vaincre un Dragon brutal ;
Craignez ses dents,	Mais malgré ce monstre & ses dents,
Il mangera vous & vos gens,	Je t'obtiendrai, non,

Mon cher Cadmus, de-
  meure ,
Ou dans l'inſtant il faut
  que je meure ;
Tu ſçais mes tourmens ,

Mais que vois-je ? tu
  deviens pâle ,
Ta vigueur mâle
Se dément un peu ;
Je friſſonne ,
Rien ne l'étonne ,
Il m'abandonne ,
Cher Cadmus , adieu.

non , je prétends

Que mes gens ,
Sément au milieu des
  champs
Ses crocs menaçans ,
Non, non, non, non,
  non , non ,
Envain tu crois m'at-
  tendrir un peu :
Ah ! je ſens . . . mais je
  t'abandonne ,
Hermione , adieu.

Il ſort.

SCÈNE XII.

HERMIONE. *ſeule.*

AIR , *Je ne ſuis né ni Roy , ni Prince.*

Cruel quinze-vingt de l'Olympe ,
Lorſqu'au cerveau le rat te grimpe ,
Tu nous fais maudire ta loi ;
Des bons tu rejettes l'offrande ,
Et ce ſont toûjours avec toi
Les battus qui payent l'amende.

SCENE XIII.

HERMIONE : L'AMOUR.

L'AMOUR.

Air, *Ton humeur est, Catherine.*

Ta douleur, belle Hermione,
M'amene dans ce Jardin ;
Une fête que j'ordonne,
Dissipera ton chagrin.

HERMIONE.

Mon amant risque sa vie,
Tu me proposes cela,
Pareille galanterie
Ne passe qu'à l'Opéra.

L'AMOUR.

Air, *Eh avance.*

Ne crains rien, je dois mon secours
A ton amant.

HERMIONE.

Va donc.

L'AMOUR.

J'y cours.

HERMIONE.

Ne tarde pas, fais diligence ;
Eh avance, eh avance, eh avance,
Laisse-là tes chants & ta danse.

Hermione sort, & l'Amour s'envole.

Le Théâtre représente une Grotte & une Fontaine.

SCENE XIV.

ARBAS : LES DEUX PRINCES TYRIENS.

LE PREMIER PRINCE.

Air, *En toute chose il est bon.*

Crains-tu le Dragon de Mars ?

ARBAS.

Voyez la belle demande.

LE DEUXIE'ME PRINCE.

Tu détournes tes regards.

ARBAS.

Ma frayeur me le commande ;
En toute chose il est bon
D'user de précaution.

LE PREMIER PRINCE.

Air, *On n'aime point dans nos forêts.*

Qui voudroit s'attaquer à toi ?
Ta valeur n'est pas des plus minces.

ARBAS.

En me raillant ainsi , ma foi,

Vous ne fentez pas trop vos Princes,
Turlupiner en pareil cas ,
C'eft au grand mêler bien du bas.

LE DEUXIE'ME PRINCE.

AIR , *Et non , non , je n'en veux pas
davantage.*

Peftons tous les trois enfemble ,
En trio contre l'Amour.

ARBAS.

Vous me faites , ce me femble ,
Beaucoup d'honneur en ce jour.

LE PREMIER PRINCE.

Le péril qui nous raffemble
Nous rend égaux , mon cher garçou.

ARBAS.

Et non , non , non ,
Je chante mal quand je tremble.

AIR , *Préparons-nous , &c.*

Préparons tout.

LE DEUXIE'ME PRINCE.

Te fens-tu du courage ?

ARBAS.

Plus que vous peut-être , je gage :
On vient puifer de l'eau , * mes amis , avan-
cez.
Aux Princes.
Meffieurs , l'honneur vous appartient , paffez.
* *Aux Porteurs d'eau.*

Dans le tems que les Porteurs d'eau s'a-
vancent pour puifer, le Dragon s'élance fur
eux, & les entraîne.

AIR, *Coucherai-je au grand lit, ma mere ?*

Quel affreux ferpent ! ohi me,
Fuyons, oh qu'il eft affamé !
De quinze jours il n'a mangé ;
Qu'il eft grand ! qu'il eft long !
L'effroyable Dragon !
Evitons fa dent meurtriere ;
Fuyons, oh qu'il eft affamé !

Arbas veut fe fauver, & Cadmus qui
furvient, l'arrête.

SCENE XV.

CADMUS: ARBAS.

CADMUS.

AIR, *Je n'irai plus à l'Opéra.*

Où courez-vous, Monfieur Arbas ?
Parlez donc.

ARBAS. *effrayé.*

Le Dragon, hélas !

Le Dragon . . .

CADMUS.

Miférable !
Hé bien

ARBAS.

Le Dragon est à table,
Vous m'entendez bien.

CADMUS.

Air, *La tanturlurette.*
Es-tu seul ?

ARBAS.

Ah ! quel glouton !
Deux hommes pour ce Dragon
Sont moins qu'une tartelette,
Turlurette, turlurette,
La tanturlurette.

CADMUS.

Air, *Faites boire à triple mesure.*

A ce Dragon je vais apprendre
Si l'on doit jouer de tels tours.

ARBAS. *sortant.*

Moi je vais là bas vous attendre ;
Que le ciel conserve vos jours.

Ici Cadmus combat le Dragon, & le tue.

CADMUS.

Air, *Un Berger dans un coin.*

Voici le Dragon mort,
Je suis fort,
Voici le Dragon mort,

Ses dents, comme je penſe,
Ne m'échapperont pas,
Allons en diligence
Chercher le gros Thomas.
Il ſort.

SCENE XVI.

ARBAS. *paroiſſant l'épée à la mai*

AIR , *Votre toutout vous flatte.*

Au défaut de mon Maître,
Je t'aurois bien fait voir
Que je n'ai qu'à paroître .....
Qu'il a le regard noir !
Ah traitre !
Ce bras dans mon juſte courroux
Veut te porter (*bis*) les derniers coups.

Arbas frappe le monſtre mort, & fait voir ſa frayeur en le frappant.

SCENE XVII.

ARBAS : LES DEUX PRINCES TYRIENS.

LE PREMIER PRINCE.

AIR , *Du nouveau Joconde.*

Eh quoi ! le Dragon eſt à bas,
Conte-nous cette hiſtoire.

ARBAS. *fiérement.*

Princes, vous ne méritez pas
D'avoir part à ma gloire.

LE DEUXIE'ME PRINCE.

Nous sommes bien fâchés d'avoir
Manqué cette conquête,
Le grand Thomas vient, tu vas voir
Une brillante fête.

ARBAS. *essuyant son épée.*

AIR, *De la palisse.*

Vous êtes de francs poltrons.

LE DEUXIE'ME PRINCE.

Cadmus nous rendra justice,
Il nous connoît.

ARBAS.

Rengainons.
Cette lame a du service.

SCENE

SCENE XVIII.

LE GRAND THOMAS : SUITE :
CADMUS : ARBAS : LES
DEUX PRINCES.
DEUX DECROTEURS.

AIR, *C'est le Dieu des eaux.*

Prologue d'Isis.

C'est le grand Thomas qui va paroître,
Rangeons-nous près de notre Maître.

Marche Comique du grand Thomas, &
de sa Suite.

CADMUS. *au grand Thomas.*

AIR, *Je ferai mon devoir.*

Voici des dents qu'il faut avoir.

LE GRAND THOMAS.

Je ferai mon devoir. *bis.*

CADMUS. *Aux siens.*

Tandis qu'il tirera ces dents,
Chantons Mars, mes enfans. *bis.*

Le grand Thomas arrache les dents du
Dragon, & les met dans un sac : Cadmus
commence l'invocation.

D

AIR, *Je suis madelon friquet.*

Mars, ô Mars, reçois nos vœux,
Sois plus affable,
Sois plus traitable ;
Mars, ô Mars, reçois nos vœux,
Ton courroux est trop dangereux.

CHOEUR.

Mars, ô Mars, &c.

CADMUS.

Les coups de canon font tes jeux,
Mars est un Dieu pire qu'un diable,
Il est toujours furieux. . . . Mars, ô Mars, &c.

CHOEUR.

Mars, ô Mars, &c.

Danse sur cet air.

CADMUS.

AIR, *Des trembleurs d'Isis.*

Mars, ô Mars impitoyable ;
Est-il donc irrévocable ?
Que ta haine est implacable !
Que nous sommes malheureux !
Notre ame est inébranlable ;
Mais si ta main nous accable,
Nous irons bientôt au diable,
Fussions-nous cent contre deux.

SCENE XVIIII.

MARS : LES ACTEURS PRE'CEDENS.

MARS. *à Cadmus & aux Chœurs.*

AIR, *J'ai passé la nuit & le jour.*

Envain vous épuisez pour moi,
Le Dictionaire des rimes ;
Pauvre Cadmus, retire-toi,
Tes concerts sont autant de crimes ;
Vos chants ne font que m'irriter,
En ces lieux venez-vous chanter
    Pour m'insulter ?   *bis.*
Je ne sçaurois vous écouter.

AIR, *Je suis un bon Soldat.*

Je veux qu'un bon soldat,
    Titata,
A m'honorer s'applique ;
Par un combat sanglant,
    Patapan,
Et non par la musique.

Mars renverse l'Autel d'un coup de pied, & s'en va ; les Chœurs reprennent en sortant.

Mars ♂, Mars, reçois nos vœux, &c.

D ij

LE GRAND THOMAS. *à Cadmus.*

AIR, *Or écoutez , petits & grands.*

> Brave Cadmus, voici les dens ,
> Mais pour ma peine & pour mon tems,
> J'en retiens une, ma Boutique
> En deviendra plus magnifique ,
> Et ce croc si fort & si long
> Fera ma réputation.

SCENE XX.

Le Théâtre représente le champ de Mars.

CADMUS : ARBAS.

CADMUS.

AIR , *Un certain je ne sçai qui est-ce.*

> Arbas, voici le champ de Mars,
> Allons , point de foiblesse,
> Semons ces dents.

ARBAS.

> Mille hazards,
> Me font trembler sans cesse ,
> Il en va naître une jeunesse
> Qui doit , * & je suis poltron , moi ,
> Faute d'un certain je ne sçai qui est-ce ,
> Faute d'un certain je ne sçai quoi.

** Il fait l'action de pousser des bottes.*

CADMUS.

Air, *Vous avez bien de la bonté.*

Mon cher, tu connois mon amour,
Avec moi je te garde.

ARBAS. *tremblant.*

Mais, Seigneur.

CADMUS.

Si je perds le jour.

ARBAS.

Par ma couleur blaffarde,
Vous devez être intimidé,
Hélas ! pour vous seul je friffonne.

CADMUS. *riant.*

Chez Hermione,
Va vîte . .

ARBAS. *gayement.*

En vérité,
Vous avez bien de la bonté.

CADMUS.

Air, *Dupont, mon ami.*

Dis-lui, mon ami,
Que pour fon fervice
Je vais faire ici
Un rude exercice ;
Si mes foins font furperflus.

ARBAS. *fortant.*

Vous ne la reverrez plus.

SCENE XXI.
L'AMOUR: CADMUS.
L'AMOUR.

AIR, *De mon pot je vous en réponds.*

> Cadmus, reçois ce pétard,
> Et ne crains nul hazard ;
> Cet échantillon du tonnere,
> Aux combattans sera contraire ;
> Du pétard, oh je t'en réponds.

CADMUS.

J'obéis, commençons.

L'Amour s'envole, Cadmus seme les dents du Dragon, elles produisent des hommes armés qui envisagent Cadmus ; il allume le pétard, & il le jette au milieu d'eux, aussi-tôt ils s'entretuent, & un seul reste qui se présente à Cadmus.

CADMUS. *à ce Combattant.*

AIR, *Quand je suis dans mon Corps-de-garde.*

> J'a bravé la serre cruelle
> Qui vouloit s'emparer de moi ;
> Si tu fais ici le rebelle,
> Je sçaurai triompher de toi.

Le Combattant se jette aux pieds de Cadmus, lui rend son épée & s'en va.

SCENE XXII.

CADMUS: LE GEANT
DRACO: PALLAS.

LE GEANT.

AIR, *Tique tique tac & lon lan la.*

C'eft à nous deux à-préfent
A vuider le différent.

CADMUS.

Tope, je fuis en haleine,
Voyons.

PALLAS. *furvenant.*

Cadmus, reconnois Pallas;
Va, tu n'auras d'autre peine
Que d'aller cligner là-bas.

*Cadmus va fe cacher ; Pallas montre fon
bouclier au Géant, & le change en ftatue.*

AIR, *C'eft la tête de Médufe.*

Jamais Pallas ne fe refufe
A ceux qui vont droit en amour ;
Oh ! que Junon fera camufe,
Je me venge bien en ce jour.

CADMUS. *reparoiffant.*

Vous lui joüez un vilain tour.

PALLAS.

C'eſt la tête de Méduſe. *bis.*

AIR, *Du menuet de Grandval.*

Ton Hermione impatiente
Avance à grands pas en ces lieux,
Je pourrois, ſi j'étois préſente,
Troubler ces momens précieux.

Elle ſort.

SCENE XXIII.

HERMIONE : CADMUS.

HERMIONE.

AIR, *La peine paſſe le plaiſir.*

Quand par ſa rigueur inhumaine
Le Ciel rompt une tendre chaîne,
La peine paſſe le plaiſir ;
Mais quand il a calmé ſa haine,
Qu'il eſt doux de s'en ſouvenir !
Le plaiſir paſſe la peine.

ENSEMBLE.

AIR, *Ah! Théréſe, &c.*

	CADMUS.			HERMIONE.	
ma	{ Hermione. Pouponne. Bouchonne. }	ta		{ Hermione. Pouponne. Bouchonne. }

Eſt à { toi / moi }

ma { Hermione. Bichonne. Ratonne. } · { ta · { Hermione. Bichonne. Ratonne. } }

a { ta ma } foi.   *fin.*

HERMIONE.

A tes tranſports je m'abandonne.

CADMUS.

Viens, friponne,
Je ſuis à toi.

ENSEMBLE.

Hermione, *comme ci-deſſus au mot fin.*

SCENE XXIV.

Le Théâtre s'obſcurcit.

JUNON : HERMIONE : CADMUS.

HERMIONE. *effrayée.*

AIR, *Du menuet d'Héſione.*
Mon cher, nous aurons de la pluye,
Où nous cacher dans ce déſert.

JUNON. *ſurvenant.*
Vous n'irez pas bien loin, ma mie,
Junon va vous mettre à couvert.

SCENE XXV.

JUNON : HERMIONE : CADMUS : PALLAS.

PALLAS.

Air , *Contre mon gré je chéris l'eau.*

> Belle Hermione , fier Cadmus,
> Tout est fini , ne craignez plus ;
> Junon , vous comptiez sans votre hôte
> L'Olympe pour eux est d'accord ;
> Ça reconnoissez votre faute ,
> Jupiter vous donne le sort.

Air , *Le Curé de Saint Pierre a dit.*

> Mon papa Jupiter m'a dit,
> Puisqu'Hermione à Cadmus a sçû plaire,
> Mon papa Jupiter m'a dit
> Qu'il vouloit que leur nôce se fît.

JUNON.

> Puisque Jupiter vous l'a dit ,
> Dérouillons, dérouillons ma commere,
> Puisque Jupiter vous l'a dit ,
> Dérouillons nos jarets , il suffit.

TOUS QUATRE ENSEMBLE.

> Dérouillons &c.

*La Piéce finit par une danse comique des
Dieux & des Déesses , sur l'air précédent.*

FIN DE LA PARODIE.

L'Auteur de cette petite Piéce auroit crû manquer au respect qu'on
doit aux paroles originales de Cadmus,
composées par l'illustre M. Quinaut,
s'il les avoit parodiées conformément
aux changemens qu'on en a faits à
l'Opéra.

De l'Imprimerie de la V. VALLEYRE.

TOTINET,

PARODIE DE TITON

ET

L'AURORE.

REPRESENTÉE POUR LA PREMIERE fois, fur le Theâtre de l'Opera-Comique, le Vendredi 23 Février 1753.

PAR Mrs. P. * * *. ET P. * * *.

ridiculum acri
Melius fortius ac plerumque fecat.

HOR. Art. Poet.

Prix 24 fols.

A PARIS,

Chez { La Veuve DELORMEL, & Fils, rue du Foin, à l'Image Sainte Geneviéve.
Et PRAULT Fils, Quai de Conti.

M. D. CC. LIII.
AVEC PRIVILEGE DU ROY.

(4)

ACTEURS.

TRICOLOR, *Bou-*
   quetiere,   Mlle. Rofallie.

TOTINET, *Garçon de*
   Boutique,   M^r^. Defchamps.

PALOTE, *Marchande*
   de Charbon,   Mme. Le Moine.

BOREOLE, *Marchand*
   de Soufflets,   M^r^. Dhautemert.

La Nourrice de TOTINET, M^r^. Alexandre.

TOTINET,
PARODIE
DE TITON
ET
L'AURORE.

Le Theâtre repréfente la Boutique de Tricolor.
Il fait nuit.

SCENE PREMIERE.
TOTINET, feul.

Air : *Vous brillez feule en ces retraites.*

Ue mon aïmable Bouquetiere
Tarde à venir, Totinet quel tourment !
Peut-être infidele & legere
Tricolor, Tricolor aime un autre Amant.

A ij

TOTINET,

Air : *Je n'en dirai pas le nom.*

Je soupçonne sa tendresse
Ah que n'est-elle Fanchon !
Pourquoi suis-je son garçon ?
Pourquoi l'ai-je pour maîtresse ?
Près de cet objet charmant,
Je crains tout de ma foiblesse,
Près de cet objet charmant,
Je crains un Rival puissant.

On entend une Symphonie.

TRICOLOR *paroît descendre d'une supente,
en tenant un bout de chandelle.*

TOTINET.

Air : *Où courez-vous Monsieur l'Abbé.*

Un bout de chandelle à la main
Je la vois qui descend soudain,
Ah ma belle maîtresse !

TRICOLOR *en descendant.*
Un peu moins de vitesse,
Ne vous blessés pas.

PARODIE.

SCENE II.

TRICOLOR, TOTINET.

TRICOLOR.

Air : *Du Cotillon couleur de Roze.*

J'Arrive exprès de grand matin

TOTINET.

Eteignez donc cette chandelle.

TRICOLOR.

Voyez-vous le petit mutin
Il voudroit :

TOTINET.

Je vous suis fidéle.

TRICOLOR.

Oui , mais vous devenez badin.

TOTINET.

Pourquoi devenez - vous cruelle.

TRICOLOR.

Si j'accordois trop de retour ;
J'éteindrois bientôt t'on amour.
Le jour paroît petit à petit.

A iij

TOTINET,

TOTINET.

Air : *Boire à son tire lire lire.*

Connoissez votre amant,
Rien n'éteindra sa flame.

TRICOLOR.

Tu diras autrement,
Quand je serai ta femme.

TOTINET.

N'ayés pas peur,
Que le bonheur,
Use mon cœur.

TRICOLOR.

Air : *Comment puis-je sans t'avoir.*

Oui tu seras l'objet unique
De mon tendre amour
Sois sûr du retour
Puisque tu veux que je m'explique,
Comment puis-je sans t'avoir
Gouverner ma boutique,
Comment puis-je sans t'avoir
Régler mon comptoir.

TOTINET.

Air : *Au bord d'un clair ruisseau.*

Un Marchand de soufflets
Vous offre son hommage,

Son facheux voisinage
Nous éclaire de près ;
Il vous fait les yeux doux.

TRICOLOR.

Pour toi seul je soupire.

TOTINET.

Son bien peut vous séduire.

TRICOLOR.

Tu me mets en courroux.

TOTINET.

Air : *Réveillez - vous belle endormie.*

Du beau sentiment qui le blesse,
Votre cœur doit être flatté ;
Sans faire tort à la tendresse,
Il fait honneur à la beauté.

TRICOLOR.

Air : *Que j'aime mon cher Arlequin.*

Quel galimathias fais tu-là,
D'un air si tendre,
Un chacun de toi se rira,
Tu parles comme à l'Opéra,
On ni peut rien comprendre ;

TOTINET.

Mais vous devez m'entendre,

TOTINET,

Ne tient t'on pas ce jargon-là
Quand on a le cœur tendre.

Air : *Ah ! le bel Oiseau Maman.*

J'aimerai jusqu'au tombeau.

TRICOLOR.

Ah ! Que je te trouve aimable.

TOTINET.

Quand le choix est aussi beau,
L'amour est toujours durable.

ENSEMBLE.

Nous allons donc nous unir.

TRICOLOR.

Mon Totinet tout aimable.

TOTINET.

Ma Bouquetiere adorable.

ENSEMBLE.

Nous allons donc nous unir,
Que nous aurons de plaisir.

TOTINET.

Air : *Mariez, mariez moi.*

*On entend un bruit
d'Instruments.*

Qu'entens-je, des Violons,
À propos de quoi, Mignonne.

TRICOLOR.

Ils sont venus sans raisons,
Qu'importe, je leur pardonne,

Ensemble. { Profitons,
{ Profitons,
{ Profitons-en,
Ainsi l'Opéra l'ordonne.

Ensemble. { Profitons,
{ Profitons,
{ Profitons-en,
{ Cela fait passer le tems.

SCENE III.

TRICOLOR, TOTINET, GARÇONS TAILLEURS, BOUQUETIERES, qui forment une Nôce.

On danse.

TOTINET.

Air : *Ah ! Que loin de ce qu'on aime.*

MON cœur est tendre & fidéle,
Quand j'aime c'est pour toujours ;
L'éclat de toute autre Belle
N'affoiblit point mes amours :
Ma flâme n'est point nouvelle ;
Mais elle croît tous les jours.
Mon cœur est, &c. *On danse.*

  # TOTINET,

BOREOLE derriere le Théâtre.

Air : *Tiens voilà ma pipe.*

Gardez ma Boutique,
Je veux qu'en ce jour
Tricolor s'explique,
Au gré de mon amour,
Si la Peronnelle
Me bravoit jamais,
Je vous fçaurai contre-elle.
Armer tous mes fouffllets.

TRICOLOR.

Air : *Allons nous - en gens de la Nôce.*

Grands Dieux Boreole s'avance,
Chers enfans craignez fon courroux ;
Allons nous-en gens de la danfe
Allons nous-en chacun chez nous.

Tout le CHŒUR.

Allons nous - en
Chacun chez nous,
Allons nous - en
Tous en cadence ;
Allons nous-en chacun chez nous.

Tout le monde fort.

SCENE IV.

BOREOLE *seul*.

Air : *L'Amour comme Neptune.*

ARrête téméraire
Tu n'échapperas pas ,
Ma trop juste colere
Va voler sur tes pas ;
Qu'un Rival que j'abhore
Tombe à l'instant sous mes coups ,
Tiran des cœurs jaloux
Allume mon courroux ;
Haine c'est toi que j'implore ;
Viens arme - toi ;
Viens vange - moi.

SCENE V.

PALOTE, BOREOLE,

PALOTE.

Air : *Marie salison disoit à sa mere.*

EH pourquoi donc vous mettre en colere,
Oh, oh, tourelouribo.

BOREOLE.

Je suis jaloux ma comere.

PALOTE.

Oh, oh, tourelouribo ,
Faites moi part de votre affaire.

BOREOLE.

Oh, oh, oh , tourelouribo.

Air : *Reçois dans ton galetas.*

Jugez fi je fais fi mal ,
A Tricolor je veux plaire ,
Totinet eſt mon rival ,
Et Tricolor me le préfere ;
Que l'ingrate éprouve en ce jour ;
Ou mes tourmens , ou mon amour.   bis.

Air : *Tambour de l'Amour.*

Suivons ce tranſport ,
Redoublons d'effort ,
Ah que je me ſens fort !
Quoi l'on me brave & j'aime !
Que tous mes valets
Armés de ſouflets ,
Faſſent voir les effets
De ma rage extrême :

PALOTE.

Eh fois moins méchant ,
Ce rival fi triomphant
Dans le fond n'eſt qu'un enfant :

PARODIE. 13

B O R E O L E.

Mais il me gêne,

P A L O T E.

Il faut l'écarter ;
Ne vas pas le maltraiter,
De Tricolor, crains la haîne :

B O R E O L E.

Je veux la mériter.

P A L O T E.

Air : *Vantez vous-en.*

Cachons Totinet de maniere
Qu'il ſoit loin de ſa Bouquetiere ;
Quitte après à la conſoler,
Des maux dont tu veux l'accabler,
Je vais l'enlever finement
Car quoique ſimple Charbonniere
Je ſçais faire un enlevement,
   Vantez vous-en.   *bis.*

B O R E O L E.

Air : *Manon dormoit.*

Cela ſuffit,
Et bien je m'en rapporte
A votre eſprit ;
Car ma tête peu forte
Se trouble à tout moment :

PALOTE.

Vraiment,
Et quand
Vit-on raisonner un Amant.

BOREOLE.
Air : *Toujours seule disoit Nina.*

Les garçons de Boreole entrent armés de soufflets.

Venez mes garçons armez-vous,
Et servez mon courroux
Tous,
Qu'à l'instant ce petit maraut
Soit traité comme il faut
Tôt;
Chez Madame on le menera
Et c'est là qu'on l'étrillera,

PALOTE.

Oui sur ma foi,

BOREOLE.

Prenez-le moi,
Fouettez-le moi;
Vengez-moi,

Il sort avec toute sa suite. Moi.

SCENE VI.
PALOTE, *seule.*

Air : *Il faut l'envoyer a l'école.*

LE Nigaud, il croit bonnement
Que je vais servir sa colere,

Pour lui plaire
J'irois perdre mon jeune Amant,
Sur une espérance frivole,
Il me rend mon cher Totinet ;
    Le benêt :
Il faut l'envoyer à l'école.

SCENE VII.

*Le Théàtre représente le Laboratoire de TRICOLOR :
elle paroît au milieu de ses filles, occupées à former
des Bouquets.*

TRICOLOR, *seule.*

Air : *Reveillez-vous Belle endormie.*

VIENS Totinet, mon cœur t'appelle,
Ecoûte la voix du désir ;
Sans toi, sans ton amour fidéle,
Je ne puis goûter de plaisir.

Air : *Margoton, ma Mie.*

Puis-je me promettre
Cette volupté.
Reviens en bonne santé
Pour me remettre en gayété:

SCENE VIII.

TRICOLOR, BOREOLE.

BOREOLE.

Air : La Bequille du Pere Barnabas.

A Ma sincére ardeur',
Répondrez-vous la Belle.

TRICOLOR.

Totinet à mon cœur
Je lui serai fidéle.

BOREOLE.

Ce petit, ma Princesse,
Vous fait par trop languir

TRICOLOR.

Si petit qu'il paroisse
Il me fait grand plaisir.

BOREOLE.

Air ; La Mort de mon chere Pere.

C'est trop vanter ce drôle,
Je vais vous le souffler.

TRICOLOR.

TRICOLOR.

Ah ! Laiſſez-lui ſon Rôle,
Qui pourra le doubler ;
Il a tant de mérite,
Sans lui tout ennuira ;
Si jamais il nous quitte,
Adieu tout l'Opéra.

BOREOLE.

Air : *Préparons-nous pour la Fête nouvelle.*

Quoi vous bravez un Marchand qui ſoupire,
Couronnez mon tendre martire,
Ou vous ne verrez plus ce beau Totinet.

TRICOLOR.

Je l'aimerai toujours autant que je te hais.

Mais,

Elle ſort.

SCÉNE IX.

BOREOLE, *ſeul.*

Air : *Les Trembleurs.*

Puisque je ne ſçaurois plaire,
N'écoutons que ma colére ;
Pourſuivons ce téméraire,
Qui s'oppoſe à mon amour ;

B

Tricolor me défefpére,
La fotte me le préfére ; .
C'eft lui qui fa rend fi fiere ,
Qu'il périffe dans ce jour.

S C E N E   X.

PALOTE, BOREOLE.

Air : *Sous un Ormeau.*

P A L O T E.

QU'av e z-vous fait ,
Votre amour eft-il fatisfait.
Parlez, Totinet
Obtiendra-t'il fon pardon.

B O R E O L E.

Non.

P A L O T E.

Avant de le punir,

B O R E O L E.

Je le veux.

P A L O T E.

Craignez le repentir.

PARODIE

BOREOLE.

A grands coups de soufflets,
Je prétends l'assommer.

PALOTE.

Quels projets.

BOREOLE.

De mon courroux,
Oui, tu vas ressentir les coups,
Petit maraboux,
Vil objet de mes fureurs.
Meurs.

Les Garçons de BOREOLE *entrent dans la Boutique, déchirent les Bouquets, font enfuir toutes les Filles.*

PALOTE.

Air : *J'ai des vapeurs.*

Et pourquoi donc tant de tapage,
De rage
Pour un enfant,
Connoissez mon ardeur extrême,
Je l'aime ;
Il est charmant :
Grand Dieu, quel bruit, quelle tempête,
Je n'en reviens pas !
Ce fracas
Ma dérangé toute la tête ;
J'ai des vapeurs,
Je me meurs.

B ij

TOTINET,

BOREOLE.

Air : *Vous me l'avez dit, souvenez-vous-en.*

Eh pourquoi vous évanouir !

PALOTE.

Ah ! Vous me faites frémir.

BOREOLE.

Quelle sera votre peur
Et votre terreur ,
Lorsqu'avec chaleur
Je vais seul beugler un chœur ,
Fait exprès pour ma fureur.

N°. 2. Aria : *Del Serva Padrona.*

Servez ma rage ;
Ah ventrebleu !
Ah têtebleu !
Morbleu ,
Corbleu , ah !
Troublons les feux
De ce morveux ,
De ce crasseux ;
Prenons courage :
Hélas ! Grands Dieux
Comblez mes vœux ;
Quoi ce crasseux ,
Est amoureux ,
Petit morveux.

PARODIE.

Air : *Plein, plan, rantamplan, tiré lire.*

Dans la rue chiffonniere,
En plein & plan, & rantamplan, tire lire
en plan,
Allez chercher l'Amant

Les Garçons de BOREOLE *fortent.*

De notre Bouquetiere,
Traitons le téméraire,
Rantamplan, de maniere
Que mon amour jaloux,
En plein, plan, &c.

PALOTE.

De quoi vous mêlez-vous,
Ce n'eft pas votre affaire.

BOREOLE.

Ce n'eft pas mon affaire,
Rantamplan, ma Comere.

PALOTE.

Et non pas, c'eft la mienne, en plein, plan,
Rantamplan, &c.

BOREOLE.

Le fot Rôle vraiment
Que l'on me donne à faire.

TOTINET *entre pourfuivi de tous les Garçons de* BOREOLE: *Il fe jette aux genoux de* PALOTE.

TOTINET,

TOTINET, *à* PALOTE.

Air : *De la Confession.*

Je viens devant vous
      A deux genoux.
Je viens.

PALOTE.

Quoi faire.

TOTINET.

Priez-les pour moi,
Ces mechants me gelent de froid.

BOREOLE & le CHŒUR.

Armez-vous
Armons-nous } contre ce téméraire.

PALOTE.

Point tant de colere ;
Sortez un moment :
Laissez-moi lui parler d'affaire ;
Sortez un moment.

BOREOLE.

J'y souscris, mais répondez-m'en.

SCENE XI.

PALOTE, TOTINET.

PALOTE.

Air : *Quand je vous ai donné mon cœur.*

IL faut que pour vous divertir
Je vous donne une Fête.

TOTINET.

Vous me feriez peu de plaifir,
Cela me rompt la tête;
Loin de l'objet de mes fouhaits,
Je ne puis foufrir les Ballets.

PALOTE.

Air : *Babet que t'eft gentille.*

Votre conftante ardeur
Vous trouble la cervelle.

TOTINET.

Tricolor à mon cœur,
Tricolor eft ma belle;
Oui, loin de ces yeux,
Tout m'eft odieux,

B iiij

 # TOTINET,

Tout n'eſt beau que par elle ;
Mon cœur ne peut être léger :
Non, je ne puis me dégager ;
Quand Tricolor voudroit changer,
   Je lui ſerai fidéle.   *bis.*

PALOTE.

Air : *Je n'y puis rien comprendre :*

Malgré ce beau raiſonnement,
C'eſt envain que votre cœur l'aime.

TOTINET.

Ciel ! Si ſon cœur eſt inconſtant,
Tout autre le ſeroit de même,
   J'en perd l'eſprit.

PALOTE.

Elle vous fuit,
Et même elle en fait gloire.

TOTINET.

Seroit-il vrai.

PALOTE.

L'on me l'a dit.

TOTINET.

Non, je ne puis le croire.

PALOTE.

Air : *Prenez-en deux, prenez-en trois, contentez votre en vie, voyez-vous.*

Changez de nœuds.

TOTINET.

Ah ! Finiſſez.

PALOTE.

Vous héſitez encore,
Sçavez-vous qui vous refuſez.

TOTINET.

Non, mais j'aime, c'en eſt aſſez.

PALOTE, *à part.*

Il ne voit pas que Palote l'adore ;
La petite Pécore.

Air . *A la façon de Barbarie.*

Cours, vole à l'objet de tes vœux,
Avant que le jour ceſſe,
Tu verras combien à tes feux
Mon ame s'intereſſe.

Il ſort.

Je te tiendrai, petit garçon,
La faridondaine, la faridondon ;
Va, va, tu ſeras ſon mari,
Biribi,
A la façon de Barbarie,
Mon ami.

Air, *Menuet d'Isis.*

Je m'en vais punir ces fiers refus,
Je m'en vais le rendre tout confus ;
Je m'en vais. . je m'en vais . . . eh quoi faire ;
Le dirons-nous tout comme à l'Opéra ?
Non vraiment, il vaut bien mieux se taire,
Et l'intérêt ainsi s'augmentera.

S C E N E   X I I.

B O R E O L E, P A L O T E.

B O R E O L E.

Air : *Non rien n'est si fatiguant.*

Oui poursuivons ce maraud,
Etrillons - le d'importance,
Oui poursuivons ce maraud,
Ce vilain petit crapaud,
Et tôt tôt tôt tôt tôt tôt tôt,
Qu'il éprouve ma vengeance,
Et tôt, &c.
Faisons lui faire le saut.

P A L O T E.

Air : *Amis sans regretter Paris.*

Toujours la fureur vous aigrit ;
Quoi pour la même cause.

B O R E O L E.

Hélas ! j'en perds tout mon esprit.

PARODIE.

P A L O T E.

Vous perdez peu de chofe.

B O R E O L E.

Air : *Allons donc Mademoifelle.*

Oui je veux être en colere
Vous avez beau plaifanter,
Il faut enfin ma commere
Nous faire au moins redouter ;
Oui je dois être en colere
Vous avez beau plaifanter.

P A L O T E.

Air : *Partez d'abord avec audace.*

Je fais mon affaire
De vous contenter.

B O R E O L E.

Ce fripon ma chere
Pourra vous tenter.

P A L O T E.

Détrompez - vous
Mon cœur jaloux
Ne fuivra que la rage,
Portons nos coups.

B O R E O L E.

Uniffons nous.

TOTINET;

PALOTE.

L'ingrat dort en ces lieux,
Veangeons notre outrage.

BOREOLE.

Faites pour le mieux.

TOTINET paroît endormi sur un lit de gazon, auprès d'un puits.

PALOTE.

Air : *Du haut en bas.*

Du haut en bas,
Totinet se croit un narcisse
Du haut en bas,
Sa blancheur fait tous ses appas,
Venez garçons qu'on m'obéisse,
Et qu'à l'instant on le noircisse
Du haut en bas.

Quatre Garçons Charboniers entrent & après avoir dansé, jettent leurs sacs sur Totinet qui devient tout noir.

BOREOLE.

Air : *Vous voulez me faire chanter.*
Ah qu'il est laid, que j'en rirai;
PALOTE.
Me suis-je bien vengée,

BOREOLE.

Quel doux plaifir quand je verrai
Sa maîtreffe affligée,
Elle n'en voudra plus tâter ;

PALOTE.

J'en ferois étonnée,
A peine pourra-t'il tenter
Des filles de journée.

BOREOLE.

Air : *Ma mie Babichon.*

Ton Rôle eft fini,

PALOTE.

Le tien l'eft auffi ;

ENSEMBLE.

Rien ne nous refte à faire.

PALOTE.

Je vais me cacher,
Va-t'en te coucher ;

BOREOLE.

C'eft bien dit ma Commere.

Ils fortent.

S C E N E XIII.

T O T I N E T *seul.*

Il s'éveille, & se regarde dans un baquet qui est à côté du puits.

Air : *Faites dodo.*

Quel vilain tour
Pour ma figure,
Quel vilain tour
Pour mon amour.
Qui ma donc fait cette cruelle injure,
Hélas !
Je ne me reconnois pas.
Quel vilain tour, &c.

S C E N E XIV.

TRICOLOR, TOTINET.

TRICOLOR *sans le voir.*

Air : *A quoi s'occupe Magdelon.*

J'Entends la voix de mon amant,
Je le vois, ah ! je respire ;
Me sera-t'il toujours constant,
Elle le voit.
Mais grand Dieu quel changement.

TOTINET.

Mineur du même air.

Détournez loin d'ici vos pas
Vous augmentez mon martire,
Détournez loin d'ici vos pas,
Non ne me regardez pas.

TRICOLOR.

Air : *Le Corbillon.*

Mon amant à la face noire,
Lui qui jadis avoit le teint si beau ;
Eh, qui pourroit jamais le croire,
On va le prendre, helas ! pour un corbeau ;
Dis-moi qui ta rendu si laid,
Mon joli petit,
Mon petit joli,
Mon joli petit Totinet.

TOTINET.

Air : *Viens Aurore.*

Je désire,
Je soupire,
Je tremble de m'exprimer,
Et mon ame
Qui s'enflame
Ose à peine vous aimer.

TRICOLOR.

Air : *Printems dans nos boccages.*
Pourquoi verser des larmes,

TOTINET,

Le mal n'eſt pas ſi grand ;
Il te reſte des charmes
Dont mon cœur eſt content ;
Tes beaux yeux.

TOTINET.

Ah ! Dieux ,
L'amour ni brille plus ma chere.

TRICOLOR.

Tes autres appas.

TOTINET.

Vous ne les reconnoîtrez pas.
Plus mom cœur eſt ſincere ,
Plus mon ſort eſt affreux ;
J'aimais , je ſçavois plaire ;
Que j'allois être heureux.

Air : *Comme v'la qu'eſt fait.*

Oh Ciel j'apperçois ma Nourrice
Elle m'aime avec tant d'ardeur ,
Que cette cruelle malice
Va la pénétrer juſqu'au cœur.

SCENE

SCENE XV.

LA NOURRICE, TRICOLOR, TOTINET.

TOTINET.

Suite de l'air précédent.

VOis la disgrace qui m'afflige
Ma bonne, & combien je suis laid.

LA NOURRICE.

Miséricorde, ah quel prodige,
Mon pauvre petit Totinet,
 Comme te v'la fait.   *bis.*

Air : *Les Pendus.*

Toi qu'à tes parents j'ai remis
Propre, net, & blanc comme un lis ;
Mon cher poupard je t'en conjure ;
Apprends moi par quelle avanture
Je te vois toute la noirceur
D'un Huissier & d'un Procureur.

       Elle le touche.

Air : *Vous qui vous mocquez.*

Mais quoi ce n'est que du charbon,

TRICOLOR, TOTINET.

Nous reprenons courage.

34 TOTINET,

LA NOURRICE.

Viens à ce baquet fans façon
Pour laver ton vifage,
Et tu deviendras mon garçon
Le plus beau du Village.

TRICOLOR.

Air : *J'aime une ingrate Beauté.*

Vous me rendrez mon Amant,
Vous allez tarir mes larmes ;
Dieux je vais en ce moment
Retrouver fes premiers charmes,
Que mon fort eft heureux :

TOTINET.

Oui je reviens ma chere
Toujours plus amoureux,

TRICOLOR.

Et toujours fûr de plaire.

TOTINET.

Nº. 3. Air : *Votre cœur aimable Aurore.*

Enfin ta faveur divine,
Tendre amour me rend vainqueur.
Le prix qu'elle me deftine
Met le comble à mon bonheur,
Et fi j'ai fenti l'épine,
C'eft pour mieux ceuillir la fleur.

PARODIE.

LA NOURRICE.

Air : *Ne v'la-t'il pas que j'aime.*

Eh bien vos cœurs font-ils contents,
TRICOLOR, TOTINET.

Oui je vous le protefte ;
LA NOURRICE.

Faifons la Nôce mes enfans,
L'Amour fera le refte.

VAUDEVILLE.

I. *Couplet.*

TRICOLOR.

POur éprouver notre conftance
L'Amour change du blanc au noir ;
Amants ne perdez point l'efpoir,
Aimez avec perfévérance ;
Songez qu'il ne faut qu'un inftant
Pour le changer du noir au blanc.

II.

TOTINET.

Les tranfports d'une Charbonniere
M'ont fait changer du blanc au noir :
Privé du plaifir de vous voir,

J'allois terminer ma carriere ;
Mais un heureux évenement
M'a fait changer du noir au blanc.

III.

LA NOURRICE.

Unis par un doux Mariage,
Ne changez point du blanc au noir,
Que chacun fasse son devoir,
Profitez sur tout du bel âge :
Pour nous l'Amour à tout instant
Ne change pas du noir au blanc.

IV.

TRICOLOR *au Parterre.*

Messieurs siflez-vous un ouvrage,
L'Auteur change du blanc au noir,
Et va cacher son défespoir ;
Mais s'il obtient votre suffrage,
On voit renaître son talent,
Vous le changez du noir au blanc.

FIN.

APPROBATION.

J'Ai lû par ordre de Monseigneur le Chance-
lier, *TOTINET, Parodie de Titon & l'Aurore,*
& je n'y ai rien trouvé qui puisse en empêcher
l'impression. A Paris ce 6 Mars 1753.

CREBILLON.

www.ingramcontent.com/pod-product-compliance
Lightning Source LLC
LaVergne TN
LVHW020118060726
842526LV00004B/1168